insel taschenbuch 5061
Katherine May
Der Zauber der Welt

Gibt es auch eine andere Art, zu leben? Sinnerfüllter? Eine Lebensweise, die uns ein stärkeres Gefühl der Verortung schenkt und uns zugleich ausgeruhter und gelassener macht?

Erschöpft von den Krisen unserer Zeit und einer Welt in Aufruhr, erkundet Katherine May die heilsame Kraft der Natur. Ihr Weg führt sie in wilde Moore und an heilige Quellen, in die umarmenden Wellen des Meeres und unter überwältigende Sternenhimmel. Im Staunen über die Vielfalt und Schönheit der Welt findet sie Stärkung und Trost.

Der Zauber der Welt ist eine Einladung an uns alle, das Leben in seiner sinnlichen Komplexität zu feiern und die Schönheit zu entdecken, die überall um uns herum auf uns wartet.

Katherine May schreibt Romane und Sachbücher, u. a. über das Aspergersyndrom. Sie verfasste zahlreiche Artikel für u. a. die *Times* und unterrichtete Creative Writing an der Christ Church University in Canterbury. Sie lebt am Meer im englischen Whitstable und liebt es, draußen zu sein. Mays Bücher erscheinen in 26 Sprachen. Ihr Buch *Überwintern. Wenn das Leben innehält* (it 4943) war ein internationaler Erfolg und stand monatelang auf der *Spiegel*-Bestsellerliste.

Katherine May

DER ZAUBER DER WELT

Trost finden in unruhigen Zeiten

Aus dem Englischen von
Marieke Heimburger

Insel Verlag

Die Originalausgabe erschien erstmals 2023 unter dem Titel
Enchantment. Reawakening Wonder in an Exhausted Age
bei Faber und Faber Ltd., London.

Erste Auflage 2024
insel taschenbuch 5061
© der deutschsprachigen Ausgabe
Insel Verlag Anton Kippenberg GmbH & Co. KG, Berlin, 2023
© Katherine May
Alle Rechte vorbehalten. Wir behalten uns auch
eine Nutzung des Werks für Text und
Data Mining im Sinne von § 44b UrhG vor.
Umschlagillustration: David Eldridge, London
Satz: Eberl & Koesel Studio, Kempten
Druck: CPI books GmbH, Leck
Printed in Germany
ISBN 978-3-458-68361-2

www.insel-verlag.de

Für Bertie,
den Jungen, der in seinem Kopf
Zweige wachsen lassen kann

Inhalt

ERDE

In letzter Zeit

In letzter Zeit wache ich nachts auf und weiß ein paar panische Sekunden lang nicht, wo ich bin. Ich weiß, wie ich heiße, das schon, aber ich weiß nicht, mit welcher Version meiner selbst ich es gerade zu tun habe.

Einmal dachte ich, ich würde wieder in meinem alten Bett bei meinen Eltern liegen. Fast meinte ich, das Quietschen der Metallfedern hören zu können, während ich im Geiste meinen Stundenplan durchging: *Physik, Geschichte, Kunst.* Aber die Illusion war unbeständig und löste sich in Luft auf, und ein paar freischwebende Sekunden lang war ich überhaupt niemand beziehungsweise einfach nur jemand, der sich erinnert, dieses Mädchen gewesen zu sein. Dann war ich wieder ich, das heutige Ich, das in seinem blauen Polsterbett saß, während durchs offene Fenster Meeresluft hereinströmte.

Das war ungewöhnlich. Meistens wenn ich aufwache, bin ich niemand, ich bin dann einfach nur ein Bewusstsein in der Dunkelheit, das versucht, sich einen Reim auf alles zu machen. Es ist ein seltsamer Schwebezustand, in dem das Ich ohne jede Verankerung existiert. Es ist ein Zwischenspiel, wie angehaltener Atem. Dann, endlich, entweicht er, die Lungen füllen sich wieder, die Welt flutet herein. Ein sehr willkommener Fakten-Upload. Ein Neustart. Ich bin wieder da.

*

In letzter Zeit schaffe ich es kaum, eine ganze Seite in einem Buch zu lesen. Die Aufmerksamkeit entgleitet mir, einfach so, ohne jede Reibung. Ich dachte, das würde sich wieder geben, wenn die Lockdowns erst vorbei wären, aber das tat es nicht. Es ist, als kämen in meinem Kopf Schmiermittel zum Einsatz. Ich will eine bestimmte Sache machen, aber mein Unterbewusstsein schiebt mich in eine andere Richtung. Es hat etwas anderes mit mir vor. Ich soll beobachten. Ich soll mich umsehen, nach der nächsten Bedrohung.

Ich kaufe mir trotzdem Bücher. Und mir werden Bücher geschickt. Sie werden zur Gefahr, sie türmen sich auf jedem Tisch im Haus, rotten sich zusammen wie die Entrechteten vor einem Aufstand. Auf dem Stapel neben meinem Bett liegt eine alarmierende Staubschicht.

Ich beschließe, mehr Bücherregale aufzustellen, aber auch das Vorhaben verläuft im Sand. Ich bin viel zu sehr damit beschäftigt, zu beobachten. Dafür brauche ich all meine Aufmerksamkeit, ich kann keinen Funken davon entbehren.

*

In letzter Zeit kribbeln meine Hände, sie wollen beschäftigt werden. Jetzt, da die Schulen wieder geöffnet sind, mache ich mich daran, den Saum von Berts grauer Hose auszulassen. Eine neue Hose zu kaufen wäre sinnlos. In einem Monat wäre sie zu kurz.

Er wächst so schnell. Ich kann ihn nicht mehr einfach auf meinen Schoß ziehen und die Arme um ihn schlingen. Gemeinsam suchen wir nach einer Alternative, aber ständig sind irgendwelche Gliedmaßen im Weg, und für einen von uns wird es unbequem. Wir wollen ihn beide, diesen Körperkontakt, aber wir verlieren dabei das Gleichgewicht. Stattdessen sitzen wir nebeneinander und versuchen uns daran zu erinnern, wie es sich anfühlt.

Ich beschäftige mich also mit Hosensäumen und denke daran zurück, wie ich Nähen gelernt habe. In den sterbenslangweiligen Sommerferien nähten meine übereifrigen kleinen Hände nachmittags Kulturbeutel. Meine Großmutter sah zu und erklärte, Stiche müsse man setzen, nicht ziehen. Ich dürfe nicht zu kräftig ziehen, aber der Faden dürfe auch nicht zu locker bleiben. Vielleicht wären Nadel und Faden die Antwort auf das Umherstreunen meines Geistes. Vielleicht könnte ich mit ein paar sorgfältig gesetzten Heftstichen das ständige Verrutschen verhindern.

*

Das vergangene Jahrzehnt hat viele von uns mit einem wachsenden Gefühl der Unwirklichkeit erfüllt. Schon vor der globalen Pandemie waren wir gefangen in ständigem Wandel, ohne je genügend Zeit zu haben, uns anzupassen. Die ständig neuen Nachrichten, das Geplapper in den Sozialen Medien, die Parteigrenzen, an denen entlang sich unsere Familien spalten: Es ist, als seien wir erst halbiert worden, dann geviertelt und als seien wir jetzt sowas wie ein sozialer Trümmerhaufen.

Wenn es einen Zeitgeist gäbe für diese Ära, dann wäre er der Angst nicht unähnlich. Seit Jahren rennen wir herum wie Kaninchen. Wir sehen irgendwo einen weißen Schwanz aufblitzen, erkennen das Alarmsignal, und schon rennen wir los und lassen unseren eigenen Schwanz weiß aufblitzen. Es ist eine Kettenreaktion, ein Fluss des Schreckens, der uferlos strömt und andere wilde, wachsame Wesen mitreißt, die ihrerseits

Alarmsignale aussenden. Es gilt nicht, sich vor einem einzelnen Raubtier in Sicherheit zu bringen, sondern vor vielen. Rennen ist das Gebot der Stunde. Alles ist so furchtbar dringend. Und mit jedem Jahr müssen wir schneller rennen, ob wir wollen oder nicht. Wir können nur rennen und in Panik verfallen und anderen unsere Ängste mitteilen, und die anderen werden uns unsere Ängste spiegeln.

Alles in dieser Zeit verschwört sich gegen uns, gibt uns das Gefühl, klein und unbedeutend zu sein. Als seien die Maßstäbe über uns hinausgewachsen. Das wankende numerische Gewicht der Welt wurde preisgegeben, und es ist, als wären wir direkt mit Gott konfrontiert: Ihre fürchterliche Komplexität, ihre unfassbare Größe hauen uns um. Nichts hätte uns darauf vorbereiten können. Wir arbeiten uns daran ab, die Grundlagen des Überlebens zu sichern. Eine unendliche, undankbare Arbeit. Manchmal könnte man meinen, wir würden den Kessel einer riesigen Maschine anfeuern, die uns am Ende verschlingen wird. Wir sind müde. Wir sind so unendlich müde, wie es Menschen sind, die sich nirgends mehr zu Hause fühlen. Und wir sehen keinen Ausweg.

Gleichzeitig bemerken wir an den Rändern unseres Bewusstseins eine gewisse Abwesenheit. Sie ist nicht einfach in Worte zu fassen, aber sie bringt ihre eigene dunkle Nachtangst mit sich, ihr eigenes Grauen. Nämlich das Gefühl, dass wir keinerlei Verbindung zu Sinnhaftigkeit mehr haben und auch das kaum noch wahrnehmen. Wir spüren das, wenn wir fürchten, unseren Materialismus nicht mehr eindämmen zu können. Wir spüren es, wenn die Anziehungskraft unserer Smartphones sich anfühlt wie eine Abhängigkeit. Wir spüren es, wenn uns klar wird, dass wir unser Leben in klimatisierten Räumen verbringen und eigentlich gar nicht wirklich wissen wollen, wie das Wetter draußen ist.

In alldem manifestiert sich diese Abwesenheit jeden Tag. Doch am deutlichsten spüren wir sie, wenn wir nach Worten der Trauer suchen und nichts als Plattitüden finden, wenn wir die dunkelsten Abfälle unserer Erfahrungen in den Äther schleudern und niemand sie auffangen will. Etwas ist verloren gegangen, ist verschwunden jenseits lebendiger Erinnerung: der Fluss der Erfahrungen, die die Menschheit seit Anbeginn prägen. Wir haben die Übergangsriten aufgegeben, die uns früher von der Geburt bis zum Tod begleiteten, und gleichzeitig haben wir viele unserer Erfahrungen unaussprechlich gemacht. Aber wir durchleben diese Dinge weiterhin, jeder für sich, stumm, isoliert von Freunden und Nachbarn, denen es ganz ähnlich ergeht. Jahrhundertealtes Wissen geht in diesem Schweigen verloren, Generationen der Gemeinschaft. Wir sind permanent von Gesprächen umgeben, und doch sind wir chronisch einsam.

Ich habe mehr und mehr das Gefühl, ein Teil von mir würde fehlen, und zwar der Teil, der die Erschütterungen des Wandels aushalten kann, der sie erspürt und erfährt und annimmt, statt sie einfach nur zu verwalten. Je älter ich werde, desto mehr empfinde ich das als einen gravierenden Mangel. Tief in mir steckt eine Sehnsucht, die ich erst jetzt langsam begreife, ein Verlangen nach metaphysischen Erfahrungen, nach Tiefe, nach Sinn. Nicht nur die Welt muss sich ändern – auch ich muss mich ändern. Ich muss meine eng gesteckten Grenzen empirischen Denkens aufweichen, muss flexibler, offener werden. Ich bin auf der Suche nach dem, was der Dichter John Keats *negative Befähigung* nannte, jene subtile und intuitive Art des Denkens, die es uns erlaubt, »in Unsicherheiten, in Unerklärlichkeiten, in Zweifeln zu sein, ohne das ärgerliche Ausstrecken nach Faktum und Vernunft«. Der unter der Oberfläche verborgene Zauber der Welt bietet Trost, aber ich weiß nicht, wie ich ihn empfangen soll.

Ich habe grundlegendes Wissen verloren, ganz elementare menschliche Gefühle. Ohne sie fühlt sich die Welt an wie abgestandenes Leitungswasser, fade und chemisch, ohne jedes Leben. Ich bin wie ein Blitz, der in die Erde einschlagen möchte. Ein unangenehmes Kribbeln erfüllt mich, in meinen Gliedern steckt eine Energie, die sich mangels Kontakts nicht entlädt. Stattdessen braut es sich immer mehr in mir zusammen, wie ein Gewitter. Mir fehlen die Worte, um es zu beschreiben, dieses enorme, unbefriedigte Gefühl, als würde ich über die spiegelglatte Oberfläche der Dinge rutschen, stets angsterfüllt, was darunter lauern mag. Ich muss irgendwie anders, besser durchs Leben gehen. Ich möchte mich wieder verzaubern lassen.

Verzauberung, das sind kleine Wunder, die durch ihre Sinnhaftigkeit groß wirken; das ist im Netz von Fabeln und Erinnerung verheddert Faszination. Sie basiert auf kleinsten, fast homöopathischen Dosen von Ehrfurcht: jenen leisen Spuren von Zauber, die wir nur finden, wenn wir sie suchen. Verzauberung ist das Gefühl, dass wir alle in einem beständigen Strang unserer Existenz und der Elemente, die unsere Erde ausmachen, miteinander verbunden sind und dass irgendwo in dieser Verbindung eine Kraft steckt, ein Kribbeln am Rand unserer Wahrnehmung. Es ist der vergessene Saum in unserer Erdgeschichte, das sich entziehende Teilchen, das unsere instabile Materie zusammenhält: die Fähigkeit, den Zauber im Alltäglichen zu finden, ihn mit Leib und Seele zu spüren, uns von ihm tragen zu lassen.

Ohne ihn habe ich das Gefühl, mir würde ein wichtiger Nährstoff fehlen, ein Vitamin, das man nur findet, wenn man in der eigenen Erde gräbt.

*

Ich bin neun Jahre alt, vielleicht zehn, und ich sitze hinten im Auto meiner Mutter. Wir fahren an den landwirtschaftlichen Flächen vorbei, die da anfangen, wo unser Dorf aufhört, und ich denke: *Ist das schön?*

Mir kam es jedenfalls schön vor. Wenn man die Reihen identischer Häuser verließ, die alle nach dem Krieg aus vorgefertigten Betonelementen errichtet wurden, öffnete sich die Landschaft, und alles wurde grün. Ja, gut, die Felder lagen tief und standen oft unter Wasser, manche waren mit Kohlköpfen übersät, andere mit Krähen. Ja, sicher, sie boten keine echten Ausblicke bis auf den über die Themse zum Kraftwerk in Tilbury. Aber das war alles, was ich hatte, das war mein offener Himmel.

Manchmal ging ich mit den Mädchen dorthin, auf die meine Mutter nach der Schule aufpasste. Wenn man an der Bücherei und den vielen Läden vorbeiging, kam man irgendwann an einen von Traktorreifen tief zerfurchten Feldweg. Einmal glaubte ich, dort einen Dachs erspäht zu haben, aber nach etwas genauerem Hinsehen und aufgeregtem Heranpirschen entpuppte er sich als eine schwarze Mülltüte, die vom Wind aufgeblasen wurde. Doch da waren auch Spuren, die von einem Dachs hätten stammen können, von denen meine Mutter aber eher annahm, dass sie die eines großen Hundes waren. Das hielt mich nicht davon ab, mit einer Tüte Gips und einer Flasche Wasser wieder hinzupilgern und Abdrücke anzufertigen. Die Ergebnisse waren frustrierend beliebig deutbar. Die Spuren hätten von einem Hund, von einem Dachs oder von einem Yeti stammen können.

War das eine Landschaft, bei deren Anblick einem das Herz aufgehen sollte? Meine Mutter war offenbar dieser Ansicht, zumindest ein bisschen. Manchmal sonntags, wenn wir Zeit hatten, fuhren wir auf dem Weg zu meinen Großeltern durch ebendiese Landschaft, vorbei an Marschen und den sie umgebenden Gräben, und nannten das »die schöne Strecke«. Zählten Gräben überhaupt als Natur? Ich hatte gehört, sie seien voller Aale, und ich wusste, dass in den Marschen Ratten lebten, weil unsere Katze regelmäßig welche anschleppte, mit daumendicken rosa Schwänzen. Das hatte wenig mit der Natur zu tun, die man sonntagabends in Dokumentarfilmen sah. Meine Natur – das, was es um mich herum gab – war etwas, bei dessen Anblick Frauen in Sitcoms anfingen zu kreischen.

Auf dem Kanal in der Nähe der alten British-Uralite-Werke, unserer verlassenen Asbestfabrik, schwammen sogar Schwäne. Aber die Menschen sprachen immer noch lieber über die vielen Arbeitsplätze, die tragischerweise verloren gegangen waren, als darüber, was die Leute, die dort gearbeitet haben, bis heute plagt – nämlich die Krankheit, die die Lungen so vieler Männer hier in der Gegend zerstört hat. Meine Mutter, die sich höchst ungern im Freien aufhielt, hatte aus unerfindlichen Gründen beschlossen, diesen Ort zum Ziel eines Spaziergangs mit uns zu machen, damit wir etwas Natur sähen. Im Frühling gab es dort Froschlaich und riesige Schwanennester, in denen wir Eier zu erspähen versuchten, ohne die Vögel gegen uns aufzubringen. Denn es war ja allgemein bekannt, dass die ganz schön aggressiv werden konnten. Dieser Ort, an dem zwischen rostigem Metall und Stacheldraht wilde Natur gedieh, war ein Kompromiss. Die Natur im Fernsehen war groß und weit und irgendwo ganz anders, nicht in unserer Nähe. Unser Dasein schien so billig und klein im Vergleich zum Rest der Welt.

Es gab andere Orte, bei denen ich mir sicherer war, dass sie schön wären. Zum Beispiel die Kreideklippe am Blue Bell Hill auf dem Weg nach Maidstone, die zu den weißen Klippen von Dover gehörte, aber etwas weiter im Landesinneren gestrandet war. Ich dachte, sie müsste wirklich weltklasseschön sein, so hoch und schroff, wie sie war. Insgeheim fragte ich mich, ob sie wohl berühmt war. Oder der Strand von Greatstone mit seinen grasbewachsenen Dünen und den vielen rosa Tellmuscheln am Wassersaum. Zweimal im Jahr fuhren wir im Konvoi dorthin und sangen auf dem Weg durch die Dörfer von Kent »The Quartermaster's Store«. Einmal, als wir auf den karierten Decken saßen und meine Mutter Kaffee aus ihrer Thermoskanne trank, sagte ich, wenn ich groß sei, wolle ich am Meer wohnen, und löste damit allgemeines Gelächter aus.

»Dann hättest du ständig Sand im Haus«, sagte meine Mutter.

»Du kämst aus dem Staubsaugen überhaupt nicht mehr heraus«, sagte meine Oma.

Das verwirrte mich, denn meine Oma war ohnehin ständig am Staubsaugen, und das, obwohl es weit und breit keinen Sand gab. Aber ich verstand. Schön war dasselbe wie unpraktisch. Schön war nichts für Normalos wie uns.

Ich fand auch andere Sachen schön, von denen ich ziemlich sicher war, dass andere sie nicht schön fanden. Die Eimer voller braun werdender Rosenblütenblätter, die ich im Versuch, Parfum herzustellen, im Sommer im Garten verteilt hatte. Die

nachts von den hohen Schornsteinen auf der anderen Fluss-
seite zu uns herüberblinkenden roten Lichter. Die über meine
Bettdecke wandernden Scheinwerferkegel, wenn ich im Gästezimmer bei meinen Großeltern lag, wo wir nach der Scheidung
meiner Eltern wohnten. Mir war bewusst, dass das streng genommen nicht schön war, aber für mich lag ein gewisser Zauber darin, wie die Welt draußen vor dem Fenster drinnen durch
mein Zimmer geistern konnte.

Das Allerschönste, was ich je gesehen habe, war, als Großvater mich einmal an Silvester mitten in der Nacht wach rüttelte, damit ich mich aus dem weit geöffneten hinteren Schlaf-
zimmerfenster lehnen und das Feuerwerk über London sehen
konnte, das gerade so am Horizont zu erkennen war. Am nächsten Morgen war ich mir nicht sicher, ob das wohl nur ein Traum
gewesen war, und mochte nicht fragen, für den Fall, dass mir
genau das bestätigt würde. Das waren meine heiligen Reliquien,
meine Liturgie, die Sammlung einiger Erinnerungen, die ich
gut hütete, um sie mir immer wieder durch den Kopf gehen zu
lassen. Sie verursachten mir ein Kribbeln im Bauch, als würde
etwas unmittelbar bevorstehen, als könnte etwas passieren.

Als Kind habe ich mich so leicht verzaubern lassen, aber ich
glaubte fälschlicherweise, das sei irgendwie naiv, dumm und
peinlich und etwas, das man auf dem Weg ins Erwachsenenleben schnellstens ablegen sollte. Und jetzt möchte ich es gerne wiederfinden. Später hat sich gezeigt, dass die Verzauberung
überhaupt nichts mit Schönheit zu tun hatte – jedenfalls nicht
im objektiven Sinne. Wahrscheinlich war sie eher meinem sehr
intensiven Verhältnis zu meiner Umwelt entsprungen, einer
ganz besonderen, an höchste Aufmerksamkeit geknüpften Erfahrung, dem Gefühl von Verbundenheit, das entsteht, wenn

man etwas bemerkt. Ich habe mich sehr angestrengt, all das zu unterdrücken. Ich dachte, das müsste ich tun, um erwachsen zu werden. Viele Jahre habe ich hart daran gearbeitet und mich in aktivem Vergessen geübt, ohne dass mir aufgegangen wäre, was ich dabei verlor.

Aber Verzauberung kann nicht zerstört werden. Wir müssen uns nur erinnern, dass wir sie brauchen. Und jetzt, da ich anfange, nach ihr zu suchen, ist sie da: blass, sporadisch, geduldig auf meine Rückkehr wartend. Ein Aufblitzen des Sonnenlichts hinter Buntglas. Goldenes Glitzern im Schlamm des Flussbetts. Von Laub geflüsterte Wörter.

»Dass ich verschwände«, schrieb Simone Weil in *Schwerkraft und Gnade.* »Wenn ich irgendwo bin, beflecke ich das Schweigen des Himmels und der Erde durch mein Atmen und das Schlagen meines Herzens.«

Das ist es, wonach ich suche: Eine Gelegenheit, mit der reißenden Strömung der Welt zu verschmelzen, mich überwältigt zu fühlen, mich ihrem Fluss so vollkommen hinzugeben, dass ich mich manchmal selbst vergessen kann.

Aber das ist ein sehr hehres Ziel, solange ich kaum in der Lage bin, meinen Geist in Bewegung zu setzen.

Stein

Wenn ich meinen derzeitigen Gefühlszustand zu beschreiben versuche, dann scheint mir das Wort *Tohuwabohu* am treffendsten. Genau so ist mein Geisteszustand: wirr, konfus, von der Rolle. Es schwingt darin ein Hauch von Verrückung oder Zerstückelung mit, das Gefühl, dass etwas in Einzelteile zerlegt wurde, die in unterschiedliche Richtungen auseinanderfliegen. Vielleicht verwechsle ich Tohuwabohu mit Kopflosigkeit, wobei Letzteres in mir ein Bild von meinem Kopf evoziert, wie er sich von meinem Körper entfernt. Und genauso fühlt es sich auch an. Nichts ist an seinem Platz. Ein kurioses Wort für einen sehr ernsten Zustand, die freundliche Fassade einer ausgewachsenen existenziellen Krise.

Ich weiß nicht, was mit mir los ist, wirklich nicht. Einerseits wahrscheinlich gar nichts, aber andererseits doch alles. Ich fühle mich seltsam leer, bar jeder Gedanken und Kraft. Ich weiß nicht, wo die Tage bleiben, aber sie vergehen. Alles, was ich tun *muss* – schon das geringste Anzeichen von Verpflichtung –, lähmt mich. Ich will das alles nicht. Ich will in Ruhe gelassen werden, allein. Ich weiß nicht, was ich mit meiner Zeit anfangen würde, sollte ich jemals den Zustand perfekten Alleinseins erreichen. Ich stelle mir gerne vor, dass ich sehr viel lesen würde, aber wahrscheinlich würde ich einfach nur sehr viel schlafen. Aufs Lesen kann ich mich nicht konzentrieren. Eigentlich kann ich mich auf gar nichts konzentrieren. Ich habe das Gefühl, mein Gehirn ist komplett von mir getrennt. Einerseits ist es leer, andererseits passt nichts mehr rein. Ein nutzloses Organ, das sich permanent weigert, die Dinge wahrzunehmen, von denen ich möchte, dass es sie wahrnimmt. Aber es entzieht sich. Streift nur kurz über alles hinweg, wie ein blasser Lichtstrahl.

Auch die Zeit benimmt sich seltsam. Sie scheint sich wie Schnee auf unser Haus gelegt zu haben, in manchen dunklen Ecken höher, woanders eher sparsam. Sie lastet schwer auf dem Dach und ist regelrecht greifbar, aber ich kann es nicht richtig erklären. Bestimmte Zeitpunkte meines Alltags haben sich so verdichtet, dass sie fast schon ein Dauerzustand sind. Jeden Abend, wenn ich mir das Gesicht wasche, habe ich das Gefühl, seit Monaten an diesem Waschbecken zu stehen. Die Zeit bildet einen Loop, sie überschneidet sich, und manchmal habe ich Angst, ich könnte auf diese Weise hier in meinem Badezimmer um mehrere Jahrzehnte verrutschen, bis ich plötzlich alt bin. In anderen Situationen im Laufe des Tages vergeht die Zeit so langsam, dass ich mir gar nicht vorstellen kann, dass die Welt sich überhaupt noch dreht. Irgendetwas muss stehengeblieben sein.

Vielleicht ich. Vielleicht bin ich depressiv. Aber mein Zustand fühlt sich nicht an wie meine früheren Depressionen. Ich empfinde keinen mich in die Knie zwingenden Selbsthass, keinen Zerstörungsdrang. Ich halte mich ganz gut über Wasser, ja, ich bin sogar seltsam zufrieden. Ich bin einfach nur langsam, das ist alles. Ich bin einfach nur leer. Ich räsoniere, dass das vielleicht eine Art Pandemie-Katerstimmung ist, dass mein Esprit aus Mangel an Stimulation gedämpft ist, dass ich deshalb noch empfindlicher bin als sonst, weil ich zu wenig gefordert wurde. Der soziale Stillstand, den der Lockdown mit sich brachte, gefiel mir eigentlich ganz gut, und gleichzeitig war ich rastlos und langweilte mich. Und da stecke ich irgendwie immer noch fest. Rastlos mich langweilend, mit leerem Kopf und einem körperlichen Widerwillen, etwas dagegen zu tun. Die Bewegungslosigkeit ist mir in Fleisch und Blut übergegangen, und ich weiß nicht, wie ich wieder in Fluss kommen soll.

Und damit bin ich nicht alleine. Die Menschen um mich herum sprechen über dasselbe Gefühl, jeder auf seine Weise. Sie schieben es auf die Anstrengung, die es während der Pandemie mit sich brachte, die Kinder den ganzen Tag zu Hause zu haben und gleichzeitig irgendwie zu arbeiten. Sie sprechen von Einsamkeit und Isolation, davon, wie beides sie wie besessen reagieren lässt auf alles, worauf sie keinen Einfluss haben. Sie reden immer mehr von den Wechseljahren und davon, wie sie ihnen das Gehirn vernebeln. Manche nennen es sogar bei einem Namen: Burnout. Wir alle sind verkohlte Überreste. Von uns bleibt nichts übrig als geschwärzte Knochen.

Das ist ein Zustand, mit dem ich mich sehr gut auskenne. Autistische Menschen wissen zu gut, was ein Burnout ist, vor allem die, die wie ich erst im fortgeschrittenen Erwachsenenalter ihre Diagnose bekamen. Ein Burnout stellt sich ein, wenn man die eigenen Bedürfnisse über einen zu langen Zeitraum ignoriert. Man wird sukzessive krank, Erschöpfung für Erschöpfung, Überforderung für Überforderung. In meinem Fall führte das jahrelange Verstecken meiner sensorischen Überanstrengung und der ständigen sozialen Unangepasstheit im Alltag dazu, dass ich von einem Burnout in den nächsten stolperte. Und jeder Burnout war anders. Mal war ich so unfassbar erschöpft, dass ich kaum noch stehen konnte; mal stellte ich das Sprechen ein; mal entwickelte ich Angst vor allem. Ich habe unzählige Jobs verloren und musste mich mit den Nebenwirkungen herumschlagen, die sich aus der Arbeitslosigkeit ergeben – mit Schulden, mit dem Unvermögen, finanzielle Rücklagen zu bilden, mit dem Verlust des Selbstwertgefühls, mit der Scham. Burnout ist etwas, vor dem ich mich sehr sorgfältig schütze, jetzt, da ich weiß, wie er entsteht. Ich dachte, ich hätte vielleicht gelernt, wie ich ihn komplett vermeiden kann. Aber nein. Da ist er wieder. Ich habe eben nicht alles unter Kontrolle.

Ich sitze am Schreibtisch, um zu arbeiten, doch stattdessen bin ich auf Twitter, dann auf Instagram, dann bei den Nachrichten, bei Twitter, bei den Nachrichten, auf Instagram, bei den Nachrichten, auf Twitter und Instagram, dann wieder bei Twitter und nochmal auf Twitter, wo alle sich aufregen über die Nachrichten und alle genau zu wissen glauben, was zu tun sei, in die eine oder die andere Richtung. Ich kann Stunden damit verbringen, ich kann endlos zwischen den vielen menschlichen Avataren herumflitschen, die mir im Vergleich zu mir selbst so gefestigt vorkommen, so sicher. Sie senden ein beständiges Licht aus, und ich nicht. Mit leerem Blick betrachte ich sie und frage mich, wie sie so viel wissen können, wie sie so sicher werden konnten. Ich soll ja eigentlich schreiben, aber ich bin nicht gefestigt genug. Was habe ich schon zu erzählen?

Gegen Mittag wird mir klar, dass ich etwas tun muss, und ich strenge mich doppelt an, mich zu konzentrieren. Aber das einzige mir bekannte Mittel gegen dieses freie Schweben besteht darin, meine Füße immer wieder auf den Boden aufzusetzen, bis mein Gefühl für die Schwerkraft zurückkehrt. Über meinem Schreibtisch klebt ein Post-it-Zettel, auf den ich letzte Woche in einem Moment großer geistiger Klarheit »Spaziergang machen« schrieb. Ich glaube, ich sollte das beherzigen. Normalerweise schnappe ich mir den Hund und marschiere an der Küste entlang, aber heute reicht mir dieser flache Weg nicht. Ich will das eigene Gewicht auf meinen Beinen spüren, ich will gegen die Erdanziehung ankämpfen. Ich verlasse das Haus und steige auf den aus der Stadt hinausführenden Hügel, vorbei an der alten Windmühle und zwischen den Häusern hindurch, mein Ziel sind die Hinkelsteine von Whitstable.

Überall auf den britischen Inseln und in der Bretagne sind Ansammlungen von Hinkelsteinen zu finden, häufig in Kreisen oder in Reihen angeordnet. Hinkelsteine werden auch Menhire genannt, es handelt sich dabei um in der Jungsteinzeit, also vor vier- bis siebentausend Jahren, von Menschenhand geglättete Felsblöcke, und über ihren ursprünglichen Zweck können wir heute nur rätseln. In Whitstable findet sich nichts, was so alt wäre, keine langen Karren, keine Megalithen, keine Ruinen, die auf längst vergangene Zivilisationen hindeuteten. Unsere Hinkelsteine sind nagelneu. Sie wurden im November 2020 aufgestellt, hoch über der Stadt auf unserer genauso neuen Dorfwiese. Die acht Felsblöcke definieren einen Grünbereich inmitten der neuen Häuser und Wohnungen, die sich im Zuge der Gentrifizierung des Stadtkerns immer weiter in die umliegenden Felder fressen. Die Felsblöcke sind ein Zeichen dafür, dass wir uns verändern, dass wir uns von den Kirchen entfernen, die den Fischern und ihren bangen Familien einst Trost waren, und neutralere Orte suchen, um uns zu besinnen. Sie sind Ausdruck eines Verlangens, von dem wir noch nicht wissen, wie wir es stillen können.

Ich würde lügen, wenn ich behauptete, die Idee mit dem neuen Steinkreis nicht enorm künstlich zu finden. Was sollen sie bedeuten, diese Steinkolosse, die nicht einmal hier aus der Gegend stammen? Was sollen sie symbolisieren? Als sie frisch aufgestellt waren, bin ich hingegangen und habe sie als öde empfunden, wie sie so aus dem kahlen Winterboden ragten, noch ganz staubig. Erst dachte ich, sie seien aus Beton. Und sie lieferten mir den Teil einer Antwort auf eine Frage, die wir noch nicht ganz gelernt haben überhaupt zu stellen: Wie beten wir heute? Wie schaffen wir es, an allem nüchternen Wissen unseres entzauberten Zeitalters vorbeizukommen und zu dem Zauber zurückzukehren, den wir früher überall wahrnehmen konnten? Ich wollte die Steine berühren, ich wollte, dass sich ein über Jahrtausende in ihnen abgelagertes, sinndurchdrungenes Kribbeln auf mich übertrug. Doch sie ließen mich auflaufen.

Such dir selbst einen Sinn, sagten sie. *Das können wir dir nicht abnehmen.*

Ich habe mal die Bekanntschaft einer Frau gemacht, die Hinkelsteine aus Ton herstellte. Jean Lowe wartete, bis ihr Mann in den Ruhestand gegangen und ihre Kinder alle aus dem Haus waren, dann schrieb sie sich an einer Kunstschule ein und studierte Keramik. Vasen und Becher waren nichts für sie: Sie schuf Gestein. Sie brachte ihren Ton zurück in seine ursprüngliche Form, sie machte aus dem glatten Material wieder etwas Wildes, indem sie es brannte.

Als ich ihr begegnete, war ich eine junge Dichterin mit dem Auftrag, etwas über ihre Arbeit zu schreiben. Sie war damals schon über siebzig und arbeitete in ihrem Atelier in der Nähe eines alten Schilfbettes an einem Nebenfluss des Medway. Sie wuchtete immer noch mit ihren Steinen herum, arbeitete Spitzen heraus und vertiefte Furchen und Mulden, damit sich Regenwasser darin sammeln konnte. Sie hatte nichts dagegen, dass Vögel darin badeten, wollte ihre Werke aber partout nicht als Vogelbäder verstanden wissen. In ihren Augen glichen sie viel eher Menschen, Gestalten, die in der Landschaft herumstanden wie die Menhire, die sie in Carnac und Bodmin gesehen hatte, schaurig und schön zugleich. Jean war irgendwie subversiv angehaucht. Ihr gefiel die Vorstellung, dass ihre seltsamen Steine in aufgeräumten Vorstadt-Vorgärten aufgestellt wurden und so einen Hauch von Andersartigkeit verbreiteten.

Als ich sie das erste Mal besuchte, zeigte sie mir einen Stein, der frisch aus dem Ofen kam. Seine Spitze war gespalten, man konnte in sein hohles Inneres sehen. »Ton vergisst nichts«, erklärte sie. »Egal, wie sorgfältig ich die Teile zusammenfüge. Im Ofen reißen die kleinsten Fugen auf.« Ich fragte sie, was sie nun mit dem gespaltenen Stein tun werde, und sie sagte, sie würde ihn so behalten, wie er ist. Sie war der Überzeugung, die Steine fänden selbst zu ihrer sinnhaften Form und drückten sich durch die Hände der Künstlerin aus. Ich glaube kaum, dass sie es anders hätte haben wollen. Die Risse und Spalten machten ihre Steine zu Schönheiten.

Wie Jean mag auch ich das Gefühl von Stein in meiner Hand. Allerdings bin ich keine Schöpferin, sondern Sammlerin. Wo ich gehe und stehe, wandern Kieselsteine in meine Taschen. Jedes Jahr im Herbst, wenn ich die warmen Mäntel hervorhole, finde ich darin die längst vergessenen Mitbringsel von meinen Spaziergängen im letzten Jahr, und mit jedem ist eine Erinnerung verbunden an einen Ort, einen Moment, einen Gedanken. Sie liegen überall bei mir zu Hause herum, und manchmal muss ich klar Schiff machen, dann befördere ich sie allesamt in den Garten. Aber irgendwann sind sie wieder zurück im Haus. Ich bin versucht zu glauben, dass sie sich heimlich vermehren.

Ich weiß nichts Schöneres als das Gefühl, einen Stein in der Hand zu halten, wenn er die richtige Beschaffenheit und die richtige Größe hat. Steine haben so ein reines Gewicht, als würde sich in ihnen die Schwerkraft konzentrieren. Sie wirken, als würden sie sich beständig nach Kontakt mit der Erde sehnen, als würden sie immer in Richtung des Bodens drängen, der zu ihrer ruhigen Kühle passt. Während ich das hier schreibe, greife ich nach einem und betrachte ihn, wie er auf meiner Handfläche liegt. Zwischen uns entsteht ganz klar eine Verbindung, wir kommunizieren über unsere Dichte, wir wechseln Wärme. Einen Moment lang bin ich wieder verankert.

Wenn ich mich als Kind langweilte, sammelte ich manchmal im Garten schwarze Kiesel und zertrümmerte sie mit einem Hammer. Die Ergebnisse ließen oft zu wünschen übrig und machten in erster Linie Dreck, aber erstaunlich viele Steine entpuppten sich als Geoden, innen hohl und voller funkelnder Kristalle. Etwas so Wunderschönes in etwas so Schlichtem und Gewöhnlichem zu finden, die Erste zu sein, deren Augen diese winzige Höhle erblickten, bescherte mir ein Hochgefühl. Später bin ich regelmäßig zu den Mineralienbörsen gegangen, die sonntags nachmittags in unserem Einkaufszentrum stattfanden, und habe mein Taschengeld für Malachit und Serpentin ausgegeben, für Amethyst und Obsidian, für Pyrit und Zölestin. Ich glaube, ich war nicht weniger in die Namen verliebt als in die Steine, die sie bezeichneten, jeder einzelne von ihnen war schwer zu buchstabieren und schmeckte salzig. So eignete ich mir eine Sprache an, die außer mir niemand sprach, und ein Wissen, über das ich nachdenken und das ich ausbauen konnte.

Ich fing an, auch Fossilien zu sammeln, Ammoniten und Trilobiten, jede Menge braune Muschelschalen und ein Fischskelett. Unsere Familie gehörte nicht zu denen, die weit fuhren, um solche Funde selbst an irgendwelchen Klippen zu sammeln, also kaufte ich sie in Plastikkästen, hübsch sortiert und mit schwarzen Dymo-Streifen etikettiert. Meine Steine waren ordentlich, ruhig und gehorsam, sie ließen sich in Kästen und Schubläden nach Alter oder Alphabet ordnen, je nachdem, wonach mir gerade war. Hin und wieder nahm ich sie heraus und sinnierte darüber, wie alt sie waren, und genoss die Spirale, in die mich das beförderte, die unfassbaren zeitlichen Maßstäbe, die in ihnen wohnten.

Doch irgendwann begann ich mich für sie zu schämen, für diese statischen Freunde, die von nichts erzählten außer von meiner Einsamkeit. Ich wickelte sie in Zeitungspapier und packte sie weg. Als Jugendliche waren die einzigen Steine, über die ich nachdachte, die in Virginia Woolfs Manteltaschen, als sie in den Ouse ging, um sich zu ertränken – ein Detail, von dem ich wie besessen war, ich überlegte, ob auch ich mich eines Tages von der Last des Lebens befreien sollte, wenn mir die Trennung zwischen mir und der Welt zu viel wurde. Hatten die Steine in Woolfs Taschen tatsächlich Gewicht genug, oder war es eine andere Last, die sie untergehen und stromabwärts treiben ließ? Ich hatte das Gefühl, hier läge der Schlüssel zu irgendetwas, als sei das ein schrecklicher Fingerzeig für meine eigene Zukunft.

Heute erinnern mich Steine daran, wie weit ich gekommen bin – und wie viel Schweres ich ertragen kann, ohne unterzugehen. Ich habe immer welche in der Tasche, so trage ich stets eins der schlichten Wunder mit mir herum, die die Erde hervorbringt – ich muss nur innehalten und meine Finger mit ihnen spielen lassen. Seither habe ich an den Stränden rund um Staithes selbst Ammoniten gefunden, und einen Haizahn bei Reculver. Ich habe einen Abdruck einer Koralle von den Kreidefelsen an der Botany Bay, und am Strand von Pevensey fand ich einen Sandstein, auf dem etwas Längliches zu sehen ist, ich vermute, ein dicker Grashalm, aber wenn ich romantisch gestimmt bin, sehe ich darin den Flügel einer Libelle.

Jetzt bewahre ich meine Steinsammlung in einer Schublade in meinem Arbeitszimmer auf. Ab und zu hole ich sie hervor und zeige sie jemandem, der das Pech hat, ein bisschen Interesse gezeigt zu haben. Vor allem aber liegen ein paar Exemplare auf meinem Schreibtisch, einfach nur, damit ich sie ab und zu in die Hand nehmen kann. Sobald ich das tue, kehrt ein Bruchstück meines kindlichen Staunens zurück. Es entsteht eine Verbindung.

*

Als ich oben an der neuen Dorfwiese ankomme, staune ich, dass sie tatsächlich schon eine richtige Wiese ist. Im Winter war da nichts weiter als spärliches, kurzes Gras, aber jetzt wiegen sich Disteln, Löwenzahn und eine Vielzahl von Gräsern im Wind. Schmetterlinge tanzen, Grillen zirpen, Bienen summen, Distelfinken fliegen auf. Die Luft um mich herum lebt. Ich weiß, mit wilder Natur hat das nicht viel zu tun. Immer sehe ich die Dächer der nahe gelegenen Häuser, und auch der Lärm der Hauptstraße ist omnipräsent. Aber dafür flüstert das Gras nur umso lauter, und in einiger Entfernung kann man das Meer sehen – heute ist es kornblumenblau. Außer mir ist keine Menschenseele hier oben.

Das Letzte, was ich inmitten dieser Geschäftigkeit bemerke, sind die langen Steine. Acht an der Zahl stehen sie aufrecht im Kreis, in der Mitte liegt einer und erinnert an einen Opferaltar. Sie sind hüfthoch und aus grauem Fels mit weißen und rostroten Streifen gehauen. Sie sind alle unterschiedlich geformt – einer ist dreieckig, ein anderer fast quadratisch –, und genau diese Unterschiedlichkeit lässt sie ein bisschen wie kleine Menschen erscheinen, die still darauf warten, dass etwas passiert. Ihre Oberfläche fühlt sich immer noch frisch behauen an. Kalkig, als würden sie sich häuten. Ich spüre die Gewalt, mit der sie aus dem Steinbruch geschlagen und der Erde entrissen wurden. Im Laufe der Jahre werden sie immer glatter werden und neue Informationen speichern. Aber um sie herum wächst bereits Gras, und sie sehen fast so aus, als wären sie hier zu Hause.

Irgendjemand hat hier etwas gehuldigt. Auf den Steinen befinden sich Symbole, die schon wieder verschwinden: auf einem ein Yin-Yang, auf einem anderen eine Sonne. Die zeigt, wie ich mit dem Kompass auf meinem Smartphone feststelle, zu dem Punkt, an dem an Mittsommer die Sonne aufgeht. Innerhalb des Kreises sind Reste eines Lagerfeuers zu sehen. Hier werden neue Bedeutungen – oder neue Versionen alter Bedeutungen – geschaffen. Noch sind sie unergründlich, aber ich freue mich für die Steine, dass jemand sie besucht. Ich will nicht, dass sie einsam sind, diese kleinen, seltsamen Gestalten. Ich setze mich auf den flachen Stein in der Mitte, trinke von meiner Wasserflasche und komme unvermittelt auf die Idee, meine Schuhe auszuziehen. Am Strand mache ich das immer, warum also nicht hier, im weichen Gras?

Ich sehe mich um, dann entledige ich mich meiner Sandalen. Der Boden ist kühl, barfuß bewege ich mich langsam vorwärts und setze jeden Schritt mit Bedacht. Hier fühle ich mich sicher. Mir gefällt, wie der Wind immer neue abstrakte Muster in das Gras drückt. So viele Schmetterlinge. Zum ersten Mal seit Langem habe ich das Gefühl, dass meine Aufmerksamkeit zur Ruhe kommt, hier, wo es unendlich viele Details gibt, wo sich vor meinen Augen so mannigfaches Leben entfaltet. Mir geht durch den Kopf, dass ich eine Pause mache. Was nicht dasselbe ist wie Nichtstun. Pause machen ist etwas Aktives, bewusst Gewähltes, Wachsames, etwas Seltenes und Kostbares.

Die Steine sind ein bisschen plump, aber verständnisvoll. Aufmerksam scharen sie sich um mich, die Köpfe leicht geneigt, um mir zuzuhören. Dieser Ort hat etwas Sanftes, Friedvolles. Ich bin voller Zweifel, Zynismus und Unglauben hergekommen, und nun habe ich etwas gefunden, mit dem ich nicht gerechnet hatte. Die Steine sind meinem Zweifel mit Charme begegnet. Sie hatten keine Antworten, und ganz bestimmt keine uralten Weisheiten, die ich in mich hätte aufsaugen können wie Medizin. Ich sitze da und spüre, dass sie mir einen Tauschhandel anbieten, einen Ort, den ich sorgenvolle Seele aufsuchen kann und wo ich die innere Unruhe opfern kann, die den Steinen ein Muster verleiht, sie glättet und mit Leben auflädt, das sie noch nicht kennen. Gestein hat ein Gedächtnis, wie Ton, aber wir, die Menschen, brechen es viel zu oft entlang der Fugen entzwei.

Ich habe keine Ahnung, wie lange ich bereits auf dem Altar in der Mitte des Steinkreises gesessen habe, als ich sehe, wie sich am anderen Ende der Dorfwiese etwas bewegt. Da ist eine Frau am Waldrand. Sie tut, als würde sie mich nicht beobachten, aber ich sehe ihr an, dass sie darauf wartet, dass ich gehe. Vielleicht ist es ihr genauso unangenehm wie mir, ein wenig

Zeit in der Gesellschaft dieser Steine zu brauchen, deren Bedeutung noch nicht uralt und heilig ist. Ich ziehe die Sandalen
an und nicke der Frau im Vorbeigehen zu. Ich tue, als seien
wir beide normale Spaziergängerinnen, keine Pilgerinnen. Als
würden wir beide uns nicht nach etwas sehnen.

Hierophanie

Als ich klein war, aß meine Großmutter nach dem Mittagessen immer eine Orange, und Frieden legte sich auf das Haus.

Es war das, was in unserem wenig von Brauchtum geprägten Leben einem Ritual am nächsten kam: Großmutter setzte sich in ihren betagten, schon vor Jahren neu mit Brokat bezogenen und doch schon wieder durchgescheuerten grünen Polstersessel und legte sich ein Stück Küchenkrepp auf den Schoß. Dann knetete sie die Orange, um die Schale vom Fruchtfleisch zu lösen, bohrte den Daumennagel hinein und pellte alles systematisch ab.

Sie betete nicht, und doch wirkte sie sehr andächtig dabei, wie sie so ehrfürchtig im Nachmittagslicht saß und alles Gelbe und Weiße abzog, aß und hin und wieder einen Kern ausspuckte. Manchmal bot sie mir eine Spalte an, aber nicht immer. Schließlich war das ihre Auszeit, ihr Zeremoniell, und ich habe das nie richtig verstanden. Für mich waren Orangen etwas ganz Normales, ein profanes Stück Obst, das zu essen man mich nur überreden konnte, wenn es mit Zucker bestreut serviert wurde. Litschi faszinierten mich aufgrund ihres roten Harnischs, und auch Erdbeeren, wenn sie reif genug waren. Aber Orangen waren so banal, die kauften wir jede Woche ein. Im Gegensatz zu meiner Großmutter verstand ich ihre Allgegenwart nicht als Reichtum, denn ich hatte nie Zeiten erlebt, in denen sie nicht zu kriegen waren.

Und doch stechen ebenjene Momente jetzt in meiner Erinnerung besonders hervor, als seien sie heilige Räume. Ich sehe das Dämmerlicht im Wohnzimmer vor mir und wie die Orange spritzt, es ist still, und mir steigt ihr durchdringender Geruch in die Nase. In Gedanken kehre ich sehr gerne zu diesen Momenten zurück und stelle mir vor, ich wäre wieder dort, mit meiner Großmutter. Manchmal versenke ich einfach nur des Geruchs wegen den Daumennagel in eine Orange, und dann ist alles wieder da: der Frieden, die Freiheit eines gemächlichen Nachmittags, die auf kleine Dinge gerichtete Aufmerksamkeit.

Der Religionshistoriker Mircea Eliade hat den Begriff der Hierophanie geprägt, um zu beschreiben, wie das Göttliche sich uns offenbart, wie es die Dinge, durch die es wirkt, verwandelt. Wenn wir einem Baum, einem Stein oder einem Laib Brot unsere ehrfürchtige Aufmerksamkeit schenken, verwandeln wir diese Dinge in Hierophanien, in heilige Objekte. Für den Gläubigen bedeutet das die Enthüllung der absoluten Realität und nicht, dass man irgendwelche Fantasien darauf projiziert. Hierophanie ist die Erfahrung, sämtliche Schichten der Existenz wahrzunehmen, nicht nur ihre oberflächliche Erscheinung. Wer gläubig ist – ob im Rahmen eines uralten Animismus oder einer komplexen modernen Religion –, lebt in einer erhöhten Welt, denn ihm wurde eine Art übernatürlicher Schlüssel zuteil, mit dem er im Alltäglichen Wunder sehen kann. »Für die Menschen, die ein religiöses Erlebnis haben«, so Eliade, »kann sich die ganze Natur als kosmische Sakralität offenbaren. Der Kosmos in seiner Totalität wird dann zur Hierophanie.«

1957 schrieb Eliade, die Welt, in der wir lebten, habe ihre Hierophanien verloren – alles sei Teil derselben flachen Realität geworden. Das Göttliche hatte der Welt »einen festen Punkt, ein Zentrum« gegeben, nun aber lebten wir in einem »zerbrochenen Universum, einer amorphen Masse unendlich vieler mehr oder weniger neutraler Orte«. Immer mehr Bedeutung sei verloren gegangen, am Ende würden uns nur noch die »Verpflichtungen des Lebens in einer industriellen Gesellschaft« bleiben anstatt wahrer Tiefe.

Und doch können die Menschen – in Eliades Vorstellung tragische Gestalten auf der Wanderung durch eine Landschaft, die sie selbst auslöschen –, diese Menschen können es nicht lassen, gewisse Bereiche des Lebens zu heiligen. In uns besteht eine Art atavistischer Drang fort, ein Impuls, bestimmten Orten magische Bedeutung zuzuschreiben und sie zu heiligem Boden zu erklären. Das kann unser Geburtsort sein, das Haus unserer Kindheit, das Café, in dem wir unseren Partner kennenlernten. Wir machen aus diesen Orten mehr schlechte als rechte Kopien heiliger Brunnen oder geweihter Räume, die einst Quell von Sinn und Bedeutung waren.

An dem Punkt stimme ich Eliade nicht ganz zu. Ich glaube nicht, dass wir heutzutage weniger in der Lage sind, den Dingen Sinn zu geben, und auch nicht, dass die Religiosität früherer Generationen – die Gehorsam und Pflichtschuldigkeit stärker lebten als wir heute – wahrhaftiger war. Aber ich gebe zu, mir gefällt die Vorstellung, dass unsere Ahnen sich durch eine Landschaft bewegten, die selbst eine Hierophanie war, und dass sie in allem, was sie berührten, eine tiefe Bedeutung sahen. Mir scheint, damals handelte es sich um eine andere Art des Wissens, das eher im Körper als im Geist verankert und das grundlegend komplexer war als unsere heutige Art zu denken. Man stelle sich vor, wie beim Durchstreifen der Landschaft einzelne Landmarken ihre jeweils eigene Mythologie auspackten, wie sich um einen herum große Geschichten entfalteten, während man seinem täglichen Geschäft nachging, wie Transzendenz sich in Echtzeit vollzog. Selbst im Alltag kam man nicht umhin, über die großen moralischen und ethischen Fragen des Lebens nachzudenken, weil sie stets präsent und unausweichlich waren. Im Laufe des Lebens näherte man sich all diesen Ideen auf millionenfache Weise an. Die vertrautesten Orte fügten sich zu Landkarten, auf denen Mythen und Weisheiten verzeichnet waren, die um einen herum blühten wie Fraktale, die einluden zu einem immer nuancierteren Umgang mit Bedeutung.

*

Zwei Tage vor dem ersten Corona-Lockdown behielt ich Bert von der Schule zu Hause. Er hatte einen trockenen Husten, und obwohl es ganz bestimmt nichts Ernstes war, wollte ich alles richtig machen. Aber es steckte noch mehr dahinter. Die Pandemie war noch nichts weiter als ein Fiebertraum. Ich glaubte noch nicht recht an das Geschwätz, und ich war besorgt, dass die plötzlich auftretende allgemeine Verunsicherung Bert aus dem Gleichgewicht bringen würde. Ich wollte mit ihm reden, bevor er in den Nachrichten davon hörte, wollte es irgendwie so verpacken, dass es ihm keine Angst machte. Ich wollte ihm sagen, dass diese Krankheit größer war als wir alle und dass es zwar beängstigend war, aber auch gleichzeitig eine Gelegenheit, Dienst zu tun – sich auf eine Weise nützlich zu machen, die Kindern so oft verwehrt ist. Ich wollte ihm sagen, er könne nachgerade Leben retten, indem er nicht zur Schule ging. Doch selbst das wäre eine ziemliche Belastung für ihn gewesen.

Meine größte Sorge war, dass die kommenden Wochen ziemlich freudlos sein würden für ihn, und ich wollte Ausgleich schaffen. Ich dachte, vielleicht könnte er schöne Sachen tanken und sie wie in einem Akku speichern.

Ich erinnere mich ungewöhnlich deutlich an jenen Tag, den letzten wirklich klaren Moment vor mehreren Monaten des Nebels. Wir fahren zum nächstgelegenen Wald, wo ich Bert die Knospen der Bäume zeigen will, die Knabberspuren der Eichhörnchen an Kiefernzapfenresten. Ich will an einem verlassenen Eisenbahntunnel vorbeigehen und ihm erzählen, dass die Fledermäuse darin immer noch Winterschlaf halten. Ich will, dass er weiß, dass die Welt ihm immer noch Reichtümer bieten wird, auch wenn alle von Menschen gemachten Strukturen wegfallen; dass er lernt, sich von dem alten Wald, den er das Glück hat direkt vor der Haustür zu haben, anrühren und trösten zu lassen. Eines Tages, wenn das Leben anfängt wehzutun, wird er herkommen und sich nach der Umarmung dieses Forstes sehnen. Das will ich ihm geben. Ich musste von selbst darauf kommen, in einem langen, schweren Prozess, und ich möchte es an ihn weitergeben wie ein Vermächtnis, zusammen mit den Namen der Pflanzen am Wegesrand, und mit einem Gefühl dafür, wie diese Landschaft entstanden ist.

Doch Bert interessiert sich weder für Knospen noch für Zapfen noch für unsichtbare, schlafende Fledermäuse. Stattdessen stürzt er sich buchstäblich auf eine ganze Reihe von großen Pfützen in der Nähe des Parkplatzes, er springt darin herum, bis ihm das braune Wasser in die Gummistiefel schwappt. Eine unbekannte Jahreszeit liegt vor ihm, und er klammert sich an die Freuden, die das Jetzt ihm bieten kann, ahnungslos ob der Einschränkungen, die schon bald kommen werden. Und ich schleiche wie üblich nervös um ihn herum und ermahne ihn, er solle sich nicht allzu dreckig machen, schließlich wolle er ja noch in meinem Auto sitzen.

Dieses Szenario wiederholt sich immer wieder. Ich nehme Buntstifte und Papier mit in den Wald, um Borken abzupausen, und er ignoriert das und schießt stattdessen zwischen den Bäumen umher und tut, als würde er Pokémons fangen. Ich erzähle ihm von den unterschiedlichen Arten von Seetang, und er schwingt den nächstbesten Strang davon über dem Kopf durch die Luft und lässt ihn in Richtung Meer sausen. Das Schlimmste ist, wenn ich mit ihm irgendwo einen richtig schönen Spaziergang machen möchte und er den Nachmittag lieber in einer lauten Trampolinhalle mit Discobeleuchtung und Rave-Musik verbringen will, wo ich ständig Angst habe, dass irgendwelche Köpfe aneinanderknallen.

Früher hatten Kinder Dreck unter den Fingernägeln. Heute reiben sie sich die Hände mit Desinfektionsmittel ein. So vieles von dem, was wir unseren Kindern geben, ist ohne Tiefe: die glänzenden Plastikoberflächen der Hüpfpolster in Spielwelt-Hallen und Spielsachen, deren Einsatz so spezifisch ist, dass die Kinder schon nach wenigen Minuten das Interesse daran verlieren. Unter diesen glatten, flachen, einfarbigen Oberflächen ist nichts, was zu erforschen oder zu untersuchen wäre, nichts, was geändert oder repariert werden könnte. Da gibt es nur Spaß – für alle anderen menschlichen Gefühle, vor allem die etwas unschöneren, ist kein Platz. Flachheit ist laut, lärmt, piept und klingt, als würde sie explodieren, die Geräusche prallen an ihrer glänzenden Oberfläche ab. Sie ist klebrig von den Zuckerresten, die kleine Hände auf ihr hinterlassen haben. Sie ist ausschließlich Teil unserer Kindheit, und nichts, was wir mit ins Erwachsenenleben nehmen können. Früher oder später müssen wir dieses beschämende Artefakt unserer Vergangenheit ganz hinter uns lassen.

Der Wald dagegen, so glaube ich, wird Bert noch lange begleiten. Sein Boden hat Tiefe, er ist ein Ort endloser Varianz und subtiler Bedeutungen. Der Wald ist eine komplette sensorische Umgebung, er flüstert auf eine Weise, die eher nährt als nervt, und verströmt Gerüche, die mehr Informationen verbreiten als nur »angenehm« oder »unangenehm«. Der Wald ist jedes Mal anders, er verändert sich mit den Jahreszeiten, dem Wetter, den Lebenszyklen seiner Bewohner. Er ist von Geschichte und Mythologie geprägt, aus seinen Tiefen steigen mühelos Erzählungen auf. Er ist sicher vor der Boshaftigkeit der Spielplätze in den Vorstädten und birgt Gefahren, gegen die man keine Versicherung abschließen kann. Wer ein bisschen gräbt, stößt sofort auf unterschiedliche Schichten von Leben: zarte Pilzgeflechte, Tierhöhlen, Baumwurzeln.

Wer hierher Fragen mitbringt, dem wird etwas erwidert werden, der bekommt aber keine Antworten. Waldboden zeichnet sich aus durch Vielfalt, Weggabelungen, Symbolik. Er schult uns in Sachen Kompromisse, in Sachen Meinungsänderung. Er bringt unsere Rationalität zum Schweigen und lässt uns an Zauber glauben. Er entfernt die Zeit von allen Uhren und enthüllt die viel größere Wahrheit darüber, wie er funktioniert, wie er sich stets im Kreis dreht, wie riesig er ist. Waldboden zeigt uns unfassbar altes Gestein und so flüchtige Anfälle von Leben, dass sie kaum zu erkennen sind. Er zeigt uns den Verlauf der geologischen Zeitalter, den beständigen Wechsel der Jahreszeiten und die zahllosen Mini-Jahreszeiten im Laufe des Jahres. Er fordert unser Wissen heraus: unser experimentelles Wissen, das Wissen, das wir uns durch Nachdenken aneignen. Wer es kennt, wer es benennen kann, wird mit einer weiteren Schicht voller neuer Einzelheiten belohnt, mit weiteren frustrierenden Erkenntnissen der eigenen Unwissenheit. Tiefer Boden ist lebenslange Arbeit. Er kann uns über Jahrzehnte betören, nähren und aufrechterhalten, nur um uns am Ende zu beweisen, dass auch wir im Vergleich zu den Felsen und den Bäumen eher kurzlebig sind.

Ich möchte, dass tiefe Böden für meinen Sohn ein Geburtsrecht sind. Ich möchte, dass er schon früh lernt, sich behutsamen Schrittes auf ihnen zu bewegen, ohne sie besitzen oder einzäunen zu wollen, ich möchte, dass er die Vielfalt dieser gemeinschaftlichen Orte feiert, ihren Platz in unserem kollektiven Handeln und unserer gemeinsamen Fantasie. Ich möchte, dass er auf flachen Böden unzufrieden ist, dass er nach Komplexität verlangt. Und darum nehme ich ihn immer wieder mit an diese Orte. Darum lasse ich nicht locker. Es ist mir wichtig, dass er das lernt. Mehr als wichtig. Ich finde es absolut entscheidend.

Wir spazieren weiter durch den Frühlingsmatsch. Wir reden etwas angestrengt über Blattgerippe und knospende Bäume, über die vielen Pfade, die ein uraltes Wegenetz durch das ganze Land bilden. Wir springen über den angeschwollenen Bach, und ich frage Bert, ob er sich erinnern kann, dass hier im Sommer gar kein Bach floss. Er sagt, er wisse es nicht. Ich glaube, das soll heißen, es ist ihm nicht wichtig.

Irgendwann höre ich auf, ihm etwas beibringen zu wollen, und beschreibe mein eigenes Erleben. »An manchen Bäumen kann ich einfach nicht vorbeigehen, ohne sie zu grüßen!«, rufe ich ihm zu. »Guck dir den hier mal an!« Ich nähere mich einer dicken Weißbirke, deren Stamm wie geflochten aussieht, und streiche über die Borke. »Er ist so schön. Ich käme mir richtig unhöflich vor, wenn ich achtlos an ihm vorbeigehen würde.« Befremdet sieht Bert mich an, doch gleichzeitig blitzt Humor in seinem Blick auf. Und da spüre ich es: ein profundes, alles andere verdrängendes Schweigen in ihm.

Ich kenne es gut von mir selbst, aber ich brauche normalerweise länger, bis ich es finde. Wenn ich spazieren gehe, durchlaufe ich drei Phasen des Erlebens. Die erste betrifft meine Haut, sie ist die unmittelbare Sinneserfahrung, die häufig sagt, dass es irgendwo zwickt oder drückt: Meine Schuhe sind zu eng, in meiner Socke steckt ein Zweig. Mein Rucksack sitzt nicht gerade auf den Schultern. In dieser Phase bleibe ich immer wieder stehen, um irgendetwas zurechtzuzuppeln. Ich bin mir gar nicht sicher, ob ich wirklich die ganze Wanderung machen will. Aber wenn ich diese Phase erst mal hinter mich gebracht habe, treten diese Befindlichkeiten in den Hintergrund, und alle möglichen Gedanken, Ideen und Erkenntnisse knistern in meinem Kopf und ploppen auf. Das ist der Moment puren Luxus, wenn sich mein Geist anfühlt wie ein unbeschreiblich angenehmer Aufenthaltsort und ich möchte, dass meine Beine sich einfach ewig so weiterbewegen. Ich befinde mich dann in einem kreativen Raum, in dem mir die Lösungen aller möglichen Probleme einfach so zufliegen wie seit Ewigkeiten bekannte Wahrheiten.

Wenn ich dann immer noch weiterlaufe, verblasst auch das. Vielleicht liegt es am niedrigen Blutzucker, oder vielleicht verbrennt sich das Popcorn-Gehirn irgendwann selbst, jedenfalls gelange ich in einen völlig anderen Geisteszustand, einen Ort jenseits aller Worte, an dem ich mich ganz ruhig und leer fühle.

Das ist mir die liebste der drei Phasen, da ist alles offen, ich bin eine Weile gar nichts, nichts weiter jedenfalls als ein Wesen mit sich bewegenden Gliedern und einer Karte in der Hand, dessen Füße den Weg kennen und die Einmischung meines Geistes nicht wünschen. In dieser Phase passiert gar nichts – könnte man meinen. Aber im Anschluss daran kommen mir die interessantesten Erkenntnisse, mein Verständnis der Dinge und ihre Bedeutung ändern sich, und all das untermauert meine Persönlichkeit. Ich bin eine offene Tür.

Sehe ich das auch in Bert? Nicht ganz. Noch nicht. Aber auch an ihm kann ich beobachten, dass er immer schweigsamer wird, je länger er geht. Genau wie ich. Er ist vollkommen versunken in seiner eigenen, ganz speziellen Aufmerksamkeit, sein eigener Friede umgibt ihn wie eine Wolke, ist greifbar, ansteckend. Und wie so oft hat er diesen Punkt vor mir erreicht, auf direkterem Weg und mit weniger Angst behaftet. Er hat eine Karte, auf der der Weg zu diesem Punkt eingezeichnet ist, und findet ganz ohne meine Hilfe dahin.

Irgendwann kann ich mich einfach nicht mehr zurückhalten, darum frage ich: »Ist es schön da oben, in deinem Kopf?«

Stille. Er dreht sich langsam zu mir um und blinzelt, als er auftaucht. »Manchmal habe ich das Gefühl, da drin würden Zweige wachsen.«

»Ja«, sage ich und freue mich, eine Verbindung zu ihm gefunden zu haben. »Genau! Das Gefühl kenne ich!«

»Und jedes Mal wenn du mich ansprichst, hackst du einen davon ab.«

*

46

In ihrem Buch *Orwells Rosen* erklärt Rebecca Solnit, das etruskische Wort *saeculum* bezeichne »die Lebensdauer des jeweils ältesten lebenden Menschen, also um die hundert Jahre«. Man kann dies als die Zeitspanne verstehen, »die noch lebenden Menschen in Erinnerung ist«, als den Kontakt, in dem wir mit jeder verstreichenden Ära stehen. »Jedes Ereignis hat sein Säkulum«, heißt es bei Solnit. »Es endet mit dem Tod [...] des letzten Menschen«, der sich noch an dieses Ereignis erinnerte.

Zwischen dem Leben meiner Großmutter und meinem heutigen Leben liegen bereits hundert Jahre – mein saeculum. Ich stelle es mir als einen um mich herum gezeichneten Kreis vor, der meine Verbindungen in die Vergangenheit genauso markiert wie alles, was ich der Zukunft zu bieten habe. Oft habe ich das Gefühl, hier für Bert eine Brücke bauen zu müssen, ihm einen Weg bahnen zu müssen zwischen Zeiten, die er sich kaum vorstellen kann, und einer schönen neuen Welt, in der alles möglich scheint. Ich glaube, es ist meine Pflicht, ihm zu erklären, dass wir früher ohne die vielen elektronischen Geräte auskamen, von denen er heute umgeben ist, dass wir ohne digitale Hilfe spielten, dass wir uns regelmäßig langweilten und gar nichts taten und dass wir immer vor irgendetwas Angst hatten und dass wir immer voneinander getrennt wurden und dass Schule richtig übel war, wahrscheinlich noch viel übler als heute. Ich will, dass er weiß, dass es meiner Großmutter genauso schwerfiel wie ihm, sauber und ordentlich zu schreiben, und dass ihr zur Strafe dafür mit einem Lineal auf die Finger gehauen wurde. Und trotzdem liebte ich ihre Schrift auf Geburtstagskarten und Einkaufszetteln, und das waren die Dinge, die wirklich zählten. Ich liebte ihre Finger, mit denen sie die Orangen von ihrer Schale befreite.

Aber das würde heißen, dass ich Bert seine Zweige abhacke. Mein Sohn muss seinen eigenen heiligen Boden finden. Er muss seine eigenen Hierophanien finden, auf seine Weise, ohne, dass ich mich da einmische. Heilige Stätten werden uns nicht mehr gegeben, und sie werden nur selten zwischen ganzen Gemeinschaften geteilt. Sie sind jetzt Behälter unseres Wissens, unserer Bedeutungen. Sie werden nicht von Geist zu Geist weitergegeben. Es ist an uns, sie zu bewahren.

Schuhe ausziehen

Als ich meditieren lernte, lernte ich, als Erstes die Schuhe auszuziehen.

Damals war das nicht so einfach, wie es sich anhört. Zusammen mit meinem Mann, H, wohnte ich in einem gemieteten Haus direkt am Wasser. Der Eigentümer war mit der Herstellung von maßgeschneiderten Sportwagen reich geworden und verbrachte laut Verwalter Frühling und Herbst in den grünen Hügeln von East Sussex, den Winter in Australien und in Whitstable lediglich den Sommer, wenn er im Garten mit Blick auf den Strand sitzen und Sonne tanken konnte. Das war ein Segen für uns, denn von Oktober bis Mai vermietete er das Haus für wenig Geld, und wir bewohnten es mehr als gerne. Dass es in den genannten Monaten kalt war, kümmerte ihn nicht weiter. Das Gebäude aus dem 18. Jahrhundert hatte noch immer alle originalen Fenster (sprich: Einfachverglasung), und sämtliche Kamine waren verrammelt. Zwar gab es ein paar Heizkörper, aber die waren offenbar in den 1970er Jahren installiert worden, als Kupfer gerade knapp war, denn die Rohre waren viel kleiner als üblich. Der Boiler sorgte zwar für heißes Wasser, schickte es aber nur sehr spärlich durch die Heizkörper, die die Räume entsprechend zaghaft aufwärmten.

Für uns war es okay. Wir waren beide in kalten Häusern aufgewachsen, wir gewöhnten uns daran, unter einem Haufen Decken vor dem Fernseher zu liegen. Ich arbeitete ohnehin seit eh und je mit fingerlosen Handschuhen und in warmer Weste. Mir wird immer kalt, wenn ich zu lange still sitze, ganz gleich, in welchem Zustand die Heizung ist. Außerdem war der Ausblick das Ganze wert. Wenn wir uns in die Wanne legten, um uns aufzuwärmen, konnten wir von dort in wenigen Metern Entfernung das Meer sehen, und im Winter war keiner da draußen, der zu uns hereinstarren konnte.

Aber die Vorstellung, die Schuhe auszuziehen, um dann eine halbe Stunde lang still zu sitzen, fand ich nicht sonderlich verlockend. Manchmal, wenn ich dicke Socken anhatte, ging es, aber selbst dann fühlten sich meine Füße am Ende an wie Eisblöcke. Je wärmer es draußen wurde, desto leichter fiel es mir dann doch. Es war eine wenig anspruchsvolle Geste, mit der ich einen Wechsel in meinem Tagesablauf markierte. Es war das Mindeste, was ich tun konnte. Schuhe sind etwas, das zur Welt da draußen gehört, sie sind Teil der Rüstung, die wir uns anlegen, wenn wir das Haus verlassen. Sie sind mehr als ein Schutz vor Steinchen, Dreck und Scherben. Wenn man nach Hause kommt, zieht man die Schuhe aus. Um nicht zu viel Dreck reinzutragen. Aber auch, um zu zeigen, dass man darauf vertraut, einen freundlichen Ort zu betreten. Um die Zehen spreizen zu können. Wenn man die Schuhe auszieht, gibt man ein wenig von seinem Inneren preis, seine löchrigen Socken und schrundigen Fersen. Man entledigt sich weltlicher Dinge und begegnet der Behaglichkeit des Hauses mit Respekt. Denselben Respekt – dieselbe Offenbarung von Unvollkommenheit – erweist man, wenn man meditiert.

Die Schuhe auszuziehen ist auch ein Akt der Kontaktaufnahme. Es entsteht eine direkte sinnliche Verbindung mit dem Boden unter den Füßen. Es ist demütig im etymologischen

Sinne des englischen Wortes *humble*: »von der Erde«. Wer sich die Schuhe auszieht, wird geerdet. Spürt den Informationsfluss zwischen der dicken Haut der Fußsohlen und dem Boden, der zu antworten scheint. Ich, die ich in allem, was ich anfasse, elektrische Spannung spüre, empfinde ein Kribbeln überall dort, wo ich meinen Fuß hinsetze. Aber ich muss mir abgewöhnen, das immer zu bemerken. Die Stromschläge, die ich von Menschen bekomme, machen mir das Leben noch viel schwerer, sie lenken meine Aufmerksamkeit ab von dem leiseren Strom, den ich von der unbelebten Welt empfange. Die meiste Zeit blende ich ihn aus. Aber wenn ich innehalte und die Aufmerksamkeit doch wieder darauf richte, ist er da. Und je leiser die Wechselwirkung, desto größer der Zauber. Man muss in sich selbst versinken, um es zu spüren. Ausschlaggebend dabei ist die bewusste Entscheidung, die Aufmerksamkeit auf ein solches Detail zu richten. Die Entscheidung, auf die leisen Stimmen zu hören, auf die Feinheiten des Lebens.

Eine meiner liebsten Meditationsübungen ist die, bei der ich durch mehrere Klangschichten falle. Erst finde ich heraus, was ich höre, dann nehme ich das eine Weile komplett in mir auf. Das alltägliche Hintergrundrauschen öffnet sich, teilt sich auf und besteht plötzlich aus so vielen unterschiedlichen Handlungen, so vielen unterschiedlichen Leben, die sich alle um mich herum abspielen, während ich selbstvergessen meinem täglichen Geschäft nachgehe und glaube, ganz allein zu sein. Aber wenn ich dann all diese Geräusche gehört habe, lausche ich weiter, tiefer und stoße dabei auf die leiseren Geräusche am Rand meiner Wahrnehmung oder auf die, an die sich meine Ohren schon so gewöhnt haben, dass mein Gehirn sie gar nicht mehr wahrnimmt. Und dann vertiefe ich mich noch mehr, ich schiebe die Oberflächengeräusche und die direkt darunterliegenden beiseite und horche nach, was da noch ist. Es ist, als würde ich den Raum schälen, als würde ich eine Schicht nach der anderen entfernen, bis ich ganz unten eine Stille finde, in der ich sein kann. Diese Stille ist immer da, aber es kostet ein wenig Mühe, sie zu finden. Manche Leute sagen sogar, sie können dahinter den Klang der Schöpfung hören. So weit bin ich noch nicht vorgedrungen, aber es schadet ja nichts, mich zu fragen, ob auch ich ihn jemals hören werde. Wie Lorin Roche es in *The Radiance Sutras*, seiner wunderschönen Version des Vigyan Bhairav Tantra formuliert: Wir, die wir lauschen, »versinken in der Weite / Wie das Lied der funkelnden Sterne«.

Wir ziehen die Schuhe aus, wir schalten die Ohren an. Wir drücken die Handflächen aneinander wie zum Gebet, wir erinnern uns, wie viel Luft in unsere Lungen passt. Vielleicht setzen wir uns sogar im Schneidersitz auf dem Boden zurecht, oder vielleicht tanzen oder laufen oder schwimmen wir stattdessen. Wenn wir der Oberfläche entfliehen wollen, aktivieren wir unsere Körper, und sie zeigen uns eine andere Intelligenz, einen Geist, der nicht nur in unseren Köpfen wohnt. Unser Wissen durchdringt jede Faser von uns, jeden Muskel, jeden Knochen, es pulsiert in unseren Organen und Blutbahnen. Wir setzen die Füße auf und lauschen mit dem ganzen Körper.

Nicht all unser Wissen besteht aus Worten. Ein großer Teil davon – ich glaube fast, der größte – ist somatisch, körperlich. Das habe ich besonders intensiv erfahren, als Bert noch ein Baby war. Wenn ich auf langen Autofahrten die Hand nach ihm auf der Rückbank ausstreckte, drückte er mit seinem Füßchen dagegen. Das war Kommunikation weit jenseits aller Worte, und sie beruhigte uns beide mehr, als Worte es vermocht hätten. Wenn er auf meinem Schoß saß und ich ihn auf seinen weichen Kopf küsste, war mir sehr bewusst, dass wir Informationen austauschten, dass ich über meine Lippen etwas aussendete und über meine Nase etwas empfing. Ich könnte nicht sagen, was genau da übertragen wurde. Unsere Körper verfügen über die Antworten auf Fragen, von denen wir nicht wissen, wie wir sie stellen sollen.

Um diese Dinge anzapfen zu können – um jenes Gefühl der Verbundenheit mit unserer Umwelt aufrechtzuerhalten, um die Umgebung mit unseren Körpern zu erfahren –, müssen wir einfach nur immer wieder den Kontakt zwischen unserer Haut und der sie umgebenden Materie pflegen. Wir müssen uns gegen unseren Geist wehren, der uns weismachen will, wir hätten genau das doch schon mal erlebt und das müsste doch reichen, als sei die einmalige Erfahrung etwas, das wir in eine Kiste packen, auf die wir dann steigen, um an die nächste wichtige Erfahrung heranzukommen. Wir müssen uns in Demut jeden Tag aufs Neue für vermeintlich bekannte Erfahrungen öffnen und uns gestatten, etwas Neues zu lernen.

Doch das ist leichter gesagt als getan.

*

»Geh bis an deiner Sehnsucht Rand«, schrieb der Dichter Rainer Maria Rilke in seinem *Stundenbuch*. Dies sind die »wolkigen Worte«, schreibt er, die wir hören, ehe Gott uns macht und in die Welt hinausschickt. Sie werden geflüstert von einem Gott, der so oft abwesend scheint, in Wirklichkeit aber nur darauf wartet, dass wir die göttliche Nähe spüren.

Rilkes Gott möchte uns durchfließen wie Wasser ein Rohr. Zu dieser Begegnung kommt es nur in der Erfahrung von Extremen, in »Schönheit und Schrecken«, wenn wir leidenschaftlich handeln. »Hinter den Dingen wachse als Brand, dass ihre Schatten, ausgespannt, immer mich ganz bedecken«, bekommen wir zu hören. »Gieb mir Gewand.« Wir sind aufgefordert, unsere Grenzen aufzulösen und jenes grenzenlose Wesen hereinzulassen, uns selbst überwältigen zu lassen. Nicht passiv anzubeten und auch nicht zu versuchen, etwas zu übertragen. Wir sollen Supraleiter sein.

Nicht jeder glaubt an einen Gott wie Rilkes, aber Meditation funktioniert ganz ähnlich. Wenn man einer regelmäßigen Übung folgt, wird der Glaube zur Nebensache. Man findet so oder so Trost. Das Schwierige ist, sich ganz hinzugeben. Man kann immer hübsch um die Erfahrung herumscharwenzeln und versuchen, nichts zu empfinden, aber das ist nicht Sinn und Zweck der Übung. Man muss zulassen, aufgebrochen zu werden. Man muss zulassen, dass das eigene schlagende Herz freigelegt wird. Manchmal passiert das unfreiwillig. Ganz zufällig dringt Licht ein. Und die Herausforderung besteht darin, die weite Öffnung des Herzens beizubehalten und mit der Verwundbarkeit zu leben, die das mit sich bringt. Die Herausforderung besteht darin, als ein weiches Wesen mit durchlässiger Haut durchs Leben zu gehen. Die Herausforderung besteht darin, dass man enorm auf sich aufpassen muss, wenn man so lebt.

Eine weitere Herausforderung ist, dass Wunden heilen und Risse sich wieder schließen können. Und dass das Leben oft ohnehin schon viel zu schmerzhaft ist. Manchmal bleibt uns nichts anderes übrig, als uns wieder zu verschließen, uns zurückzuziehen, uns zu schützen. In der Regel merken wir es nicht einmal, wenn das passiert.

*

Mir fällt auf, dass ich in letzter Zeit viel zu oft vergessen habe, die Füße aufzusetzen. Da dachte ich, ich sei ein Mensch, der das regelmäßig tue, und dabei tat ich es gar nicht. Zuerst dachte ich, *Okay, dann mache ich das eben nicht jeden Tag.* Manchmal muss man ein bisschen Nachsicht mit sich selbst üben. Aber dann wurde mir klar, dass ich es nicht mal jeden zweiten Tag tat, nicht einmal ein Mal pro Woche. Monate vergingen, in denen ich die Schuhe nicht auszog, in denen ich nicht meditierte.

Ich hatte schon vor der Pandemie nur noch selten meditiert. Als ich verschiedene Meditationstechniken lernte, brachte man mir bei, konsequent jeden Tag zwei Mal zwanzig Minuten still zu sitzen. Wann ich das machen wollte, läge ganz bei mir, allerdings sollte ich es nicht direkt nach dem Aufstehen oder vor dem Zubettgehen machen und auch nicht direkt nach dem Essen. Ich weiß nicht, was es über mich aussagt, dass durch diese Einschränkungen und nach Abzug von Arbeit und einer eher lahm gestalteten Freizeit nur noch sehr wenige geeignete Zeitpunkte übrig blieben. Damals war ich unerschrocken und entschlossen genug, um sogar in der Ecke einer Kneipe oder auf einer Bank im Einkaufszentrum zu meditieren, und selbstverständlich in der Bahn auf dem Weg nach Hause, aber selbst dann empfand ich es als ein wenig erdrückend. Für mich fühlte sich dieses Meditieren nie so geschmeidig an, wie andere es immer beschrieben, es fügte sich nie auf ganz natürliche Weise in mein völlig überfülltes Leben ein.

Nach Berts Geburt wurde Meditation dann zu einem Ding der Unmöglichkeit. Kinder sind früh wach, und wenn sie erst wach sind, verlangen sie nicht nur nach Frühstück, Hilfe beim Anziehen und jeder Menge zugewandter Worte, um sie für den Tag zu wappnen, sondern vor allem nach Aufmerksamkeit. Ich habe morgens schlicht keine Möglichkeit, mich für zwanzig Minuten ungestört irgendwohin zurückzuziehen, und darum beschloss ich, erst Bert zur Schule zu bringen und dann sofort zu meditieren, obwohl mir diese Zeit dann für die Arbeit fehlt. Wenn Bert von der Schule nach Hause kommt, braucht er eine Zwischenmahlzeit und später Abendessen, er muss Hausaufgaben machen und hat Redebedarf, er erzählt mir von seinen Sorgen und bis ins kleinste Detail von schrecklichen, abstumpfenden Computerspielen, er muss baden und gesagt bekommen, wie viel Zeit er am Bildschirm verbringen darf, und wenn er ins Bett gebracht wird, hat das nichts mit den Szenen zu tun, die man aus dem Fernsehen kennt, wo die Kinder »Nacht, Mama« sagen, ihr braves Haupt aufs Kissen betten und sofort friedlich einschlafen. All das findet selbstverständlich statt, *bevor* ich mein eigenes Abendessen zubereitet und gegessen habe und *bevor* ich mich um die absoluten Basics im Haushalt gekümmert habe, die nötig sind, um das ständig drohende Chaos in Schach zu halten. Jahrelang habe ich mich insgeheim geschämt, weil ich immer weniger zum Meditieren kam. Es fehlte mir an Hingabe. An Disziplin. Ich war nicht in der Lage, meinen Tag so zu organisieren, dass ich etwas tun konnte, von dem ich wusste, dass es mir guttat.

Es dauerte ziemlich lange, bis mir dämmerte, dass das ganze System womöglich einzig auf Männer zugeschnitten war – auf Männer, die bekocht und denen die Kinder vom Leib gehalten wurden, damit sie in Ruhe ihre hochfliegenden spirituellen Ziele verfolgen konnten. Ich dachte zurück an meinen ersten Meditationskurs, und mir fiel wieder ein, wie unser Lehrer uns erzählt hatte, dass er seine Frau und seine Kinder verlassen hatte, um nach Indien zu reisen und beim Maharishi in die

Lehre zu gehen. Er habe dort sehr viel über sich selbst gelernt, sagte er. Monatelang saß er allein in einer Höhle und rang mit seiner Seele. Es sei hart gewesen, aber letztendlich aller Mühen und Entbehrungen wert. Er hätte niemals solche Durchbrüche erreicht, wenn er sich nicht voll und ganz der Meditation hingegeben hätte.

Die Frau neben mir meldete sich.

»Und wie ist Ihre Frau in der Zeit klargekommen?«

»Ich nehme an, es war ganz schön hart für sie«, sagte er. »Aber sie wusste, wie wichtig das für mich war.«

Heute schäme ich mich, dass ich es damals noch nicht sah: Dass die ganze spirituelle Entwicklung auf einem patriarchalen System beruht. Dass Männer nach Erleuchtung streben und Frauen sich derweil um sie kümmern dürfen, während man sie gleichzeitig dafür verspottet, dass sie in dem bisschen freier Zeit, das ihnen bleibt, einen Kompromiss nach dem anderen eingehen. Mir ist der Wert klösterlicher Traditionen durchaus bewusst, und mir ist klar, dass manche Erkenntnisse nur aus echter Einsamkeit heraus entstehen können, aber ich sehe auch deutlich, wie männliches Wissen höher geschätzt wird als weibliches, wie die Weisheit derer, die aus Notwendigkeit im Alltag feststecken, geringgeschätzt wird.

Ich hatte das bereits vor der Pandemie erkannt. Schon da wusste ich, dass ich mich nicht verbiegen konnte, um in eine Form zu passen, die für ein völlig anderes Leben gemacht war. Ich hatte kurze Meditationen neu formuliert, abgeändert und es geschafft, sie in meine vollen Tage zu integrieren, ich hatte die Art von Aufmerksamkeit gewürdigt, die man nur dann aufbringt, wenn man sich um die Bedürfnisse eines anderen Menschen kümmert, und ich hatte alle Regeln gebrochen, um irgendwie doch noch, soweit irgend möglich, etwas länger zu meditieren. Doch dann kam der Umbruch und brachte völlig neue Einschränkungen und Ablenkungen mit sich. Alle waren gleichzeitig zu Hause, alle versuchten zu arbeiten, alle waren gestresst und überwältigt und verängstigt. H war zu Hause, erwartete aber, weiter acht Stunden am Stück voll konzentriert arbeiten zu können. Und zwar an meinem Schreibtisch. Da war nicht mehr viel Platz für mich.

Mir blieben zum Arbeiten die frühen Morgenstunden und das mürbe Ende des Tages sowie – theoretisch – die Wochenenden. Es wurde schon früh klar, dass Bert die Sicherheit gemeinsamer Unternehmungen zu dritt brauchte – beim Essen und bei Spaziergängen, aber auch bei Brettspielen oder Filmabenden auf dem Sofa. Er musste das Gefühl haben, dass gewisse Bereiche seines Lebens nicht im Ausnahmezustand waren. Ich hatte dafür vollstes Verständnis. Viel zu viele Dinge sind damals den Bach runtergegangen, und die kümmerlichen Überreste meiner Meditationsübungen gehörten dazu. Ich habe mich nie so viel mit H gestritten wie in jenen Monaten. Unsere wilden, primitiven Seiten traten schonungslos zu Tage. Wir konkurrierten um knappe Ressourcen, und die knappste von allen war Zeit.

Nur wenige der weisen Seelen, die sich jahrelang mit den Strukturen des Kosmos beschäftigt hatten, konnten uns sagen, wie wir unter solchen Umständen meditieren sollten. Ich will, dass sie kommen und lernen, was ich weiß und was auch viele andere geduldige Seelen mitzuteilen hätten. Ich will, dass sie erleben, wie es sich anfühlt, wenn man immer wieder vom Inneren weggezogen wird und damit beständig das Gefühl hat, die Arbeit von Geist und Körper nicht erreichen zu können.

Dann würden sie die Erschöpfung und den Frust und die Isolation erleben und sich immer wieder entscheiden, sich mit äußerster Hingabe um andere zu kümmern und eben nicht wegzulaufen. Ich will, dass sie sich bemühen, die mentale und körperliche Disziplin zu erlangen, mitten in der Nacht aufzustehen, und das ohne Wut, sondern voller Milde. Ich will, dass sie verstehen, dass sie überhaupt nichts wissen, bevor sie nicht erlebt haben, was es heißt, spirituelle Bedürfnisse immer wieder aufzuschieben und die Labsal der Kontemplation ständig auf Abstand zu halten.

Wir müssen kämpfen für unsere Fähigkeit, aufmerksam zu sein. Das kommt nicht von selbst. Und es manifestiert sich nicht als ein Bedürfnis, bis es viel zu spät ist. Ich beginne erst jetzt zu begreifen, dass mein Burnout das Ergebnis mehrerer Verlusterfahrungen war, die jede für sich genommen so klein schien, dass ich sie für unbedeutend hielt. Ich gab meine Meditationseinheiten bereitwillig auf, weil ich dachte, es sei vermessen, auf ihnen zu bestehen. Ich gab das Lesen auf, Zeit für mich, ausgiebige heiße Bäder und lange Spaziergänge. Ich gab die Stille auf und den Sonnenaufgang im Garten. Ich ließ zu, dass all das verschüttet wurde von Arbeit und Fürsorge für andere, und stellte irgendwann überrascht fest, dass ohne all das von mir nichts mehr übrig war.

»Lass dich von mir nicht trennen«, sagt Rilkes Gott. Da fühle ich mich ein bisschen betrogen. Ich muss wissen, wie ich die Trennung verhindern kann. Ich brauche eine Anleitung dafür, wie ich mich wieder verzaubern lassen kann.

*

Als Kind sah ich bei nächtlichen Autofahrten aus dem Fenster und dachte, der Mond würde uns folgen. Von da, wo ich war, sah es aus, als würde er uns über den gesamten Himmel hinweg verfolgen, als würde er atemlos versuchen, mitzuhalten. Später lernte ich, dass es mir nur aufgrund seiner enormen Größe so vorkam, als sei er überall, und dass ich sehr klein war und mich für übermäßig wichtig hielt. Jedenfalls hatte ich den Eindruck, dass der Mond von einer gewissen Konstanz war. Dass er sich um mich sorgte und immer wieder nach mir sah. Manchmal hatte ich das Gefühl, seinen Blick zu brauchen.

Je älter ich wurde, desto genauer beobachtete ich sein Zu- und Abnehmen, und ich begann, ihn im Geiste neu zu formen: Vielleicht war er ja wie ich, manchmal ganz rund vor lauter Kraft und manchmal ganz dünn und in Auflösung begriffen, ständig die Gestalt ändernd, rastlos. Ich hielt mich nicht mehr für den Mittelpunkt des Universums, und darum fühlte es sich irgendwann so an, als bräuchte auch er meine Aufmerksamkeit. Es war eine Beziehung, die auf Gegenseitigkeit beruhte. Wenn ich nachts vor die Tür trat, sahen wir einander, und mehr war gar nicht nötig. Ich konnte den Mond um nichts bitten. Aber die Begegnung fühlte sich an wie der Austausch von Informationen zwischen zwei Wesen, die wissen, was es bedeutet, ständigem Wandel unterworfen zu sein.

In letzter Zeit habe ich meine stummen Gespräche mit dem Mond wiederaufgenommen. Nachts, wenn alle anderen schlafen, gehe ich raus und versuche meine tiefe Sehnsucht nach meinem Selbst an den Mond zu übermitteln, nach Zeit, in der ich nicht arbeiten muss, sondern einfach nur sein darf; nach dem Recht, wieder neugierig sein zu dürfen, ohne das Gefühl haben zu müssen, dass dadurch alles nur noch schwieriger wird. Das mögen dumme Kleinigkeiten sein, wenn man bedenkt, wie viel Leid in der Welt ist, aber hinter diesen Kleinigkeiten befindet sich das Netz, mit dem ich verwoben bin. Meine Mutter lebt in einem anderen Land und ist bei schlechter Gesundheit. Mein Mann verteidigt etwas, das viel größer ist als nur seine Arbeitszeit, eine zunehmende Unzufriedenheit, auf die er keinen Einfluss hat. Mein Sohn erzählte mir neulich, er könne sich gar nicht mehr erinnern, wie das Leben vor der Pandemie und den Lockdowns war, sie bilden jetzt die Grundlage seines Verständnisses davon, wie das Leben funktioniert. Und darum erzähle ich dem Mond letzten Endes nur das: Ich wüsste so gerne, wie ich meine Liebsten beschützen kann. Ich wünschte, ich wüsste, was zu tun ist.

Der Mond ist ein hervorragender Vertrauter, aber er kann nicht viel tun. Ständig drohende Gefahr richtet Schaden an. Sie muss nicht tatsächlich über einen hereinbrechen. Es reicht, dass man sich permanent vorsieht, das macht einen fertig. Der Körper ist ständig in Alarmbereitschaft und baut die darum ausgeschütteten Hormone gar nicht mehr ganz ab. Dieser Zustand mündet häufig in Wut, Selbstmitleid, Angst und Hoffnungslosigkeit. Viele Menschen kompensieren das durch Arbeit. Aber was man dabei tatsächlich tut, und zwar mit jeder einzelnen Faser, ist: wachsam sein. Man ist permanent auf der Hut, und das führt zu Erschöpfung. Man wagt es nicht, auch nur eine Sekunde nachzulassen, für den Fall, dass die Gefahr diesen Moment der Unaufmerksamkeit ausnutzt. Ich habe vergessen, wie das ist, wenn in meinem Gehirn Raum ist für irgendetwas anderes als Wachsamkeit. Ich habe lange weitergearbeitet – habe unterrichtet, Artikel gepitcht, Gutachten geschrieben –, und eine ganze Weile fühlte sich das an wie ein

Rettungsboot. Aber nach und nach wurde das unmöglich. Ich bemerkte durchaus, dass sich ein Nebel auf mich legte, dass es im Getriebe knirschte. Eines Abends drückte ich auf den Knopf meiner elektrischen Zahnbürste und musste feststellen, dass der Akku so gut wie leer war. Die Borsten bewegten sich kaum noch. Und da sah ich es zum ersten Mal: Das bin ich. Ich bin alle. Ich verliere schon viel zu lange Energie und ich weiß nicht, wie ich sie zurückbekommen soll.

Als ich in jener Nacht aufwache, fällt mir etwas ein, das ich früher oft gemacht habe. Ich tapse nach unten, um den Mond zu grüßen, dann setze ich mich auf einen der Gartenstühle und ziehe die Hausschuhe aus. Mit den nackten Füßen stelle ich einen Kontakt zu den kalten Terrassenfliesen her, und ich spüre das Kribbeln zwischen der Erde und mir, die unmittelbare Wechselwirkung. Ich entbinde mich selbst von der Pflicht, nach Worten zu suchen. Stattdessen gestatte ich mir, einfach nur zu fühlen.

Ich sitze da, ganz bei mir, vollkommen versunken in der Erleichterung.

Der Mond wacht über mich, und ich frage mich, wie ich das je hatte vergessen können.

Und ich frage mich, wie ich es mir wieder in Erinnerung rufen kann.

WASSER

Umlernen

Später Samstagnachmittag, das Meer ein Teppich aus Schaumkronen. Ich bin so gut wie allein. Ich breite mein Handtuch aus, es flattert im Wind wie eine Flagge. Ich muss es mit Steinen beschweren, damit es nicht wegfliegt. Ich mag das. Es zeigt, wie kühn ich bin, wie mutig. Barfuß knirsche ich über den Kies und lache, als ich im flachen Wasser fast umgeworfen werde.

Bei rauer See empfiehlt es sich, stets nah am Ufer zu bleiben, wo die Strömung einigermaßen berechenbar ist. Das habe ich letzten Sommer gelernt, als ich an einem kabbeligen Tag zu weit hinausgeschwommen war und dann immer weiter die Küste entlang abtrieb. Es gelang mir nur unter enormen Kraftanstrengungen, wieder an Land zu kommen, und dann musste ich im nassen Badeanzug gefühlt mehrere Kilometer zu meinen Sachen zurücklaufen. Unterwegs wurde ich von einem Mann angesprochen.

»Ich habe Sie da draußen gesehen«, sagte er. »Sie haben ganz schön gekämpft, was?«

»Alles in Ordnung«, entgegnete ich etwas schnippisch. »Ich komme oft zum Schwimmen her.«

Dabei war gar nichts in Ordnung. Ich war fix und fertig, ich fror, und mir taten die Beine weh vom vielen Strampeln Richtung Sicherheit. Vor allem aber ärgerte mich, dass er das alles gesehen hatte. Ich wollte ihn schon anblaffen, wieso er denn, wenn er einen Schwimmer in Not sieht, nicht die Rettung ruft, aber gleichzeitig war ich extrem erleichtert, dass er genau das nicht getan hatte.

Meine Lektion jenes Tages war dann aber nicht, dass ich bei starkem Wind besser nicht im Meer schwimmen sollte, sondern, dass ich mich besser nicht lächerlich machen sollte vor Männern, die am Strand sitzen, Bier trinken und Kommentare ablassen. Jetzt, da ich wieder bei böigem Wind allein am Strand bin, stürze ich mich in die Fluten und bin wie elektrisiert von den heftigen Wellen. An manchen Tagen könnte man beim Schwimmen das Gefühl haben, gar nicht richtig nass zu werden, während man an anderen komplett durchnässt wird, das Wasser den Kopf umschließt und in Mund und Nase eindringt.

Heute ist ein solcher sehr nasser Tag, die Gischt peitscht mir ständig ins Gesicht und der Wind um die Ohren. Ich treibe auf dem Wasser wie eine Flasche, die in unterschiedliche Richtungen geworfen wird. Gar nicht so einfach, zwischen den Wellen nicht die Orientierung zu verlieren. Ich blinzele gerade noch das Wasser der letzten Welle aus den Augen, da trifft mich schon die nächste und wirbelt mich herum. Als ich endlich wieder etwas sehen kann, stelle ich fest, dass ich gefährlich nahe an einer der riesigen Holzkonstruktionen bin, die den Strand in einzelne Abschnitte aufteilen – so nahe, dass ich schon das Gefühl des Aufpralls meines Gesichts antizipieren kann.

Ich wende und schaffe es, mich ein Stück zu entfernen, nur um gleich wieder in Richtung Buhne getrieben zu werden. Ich weiß, dass ich jetzt rausmuss, an Land, aber erst muss ich von der Buhne weg, und das schaffe ich nicht. Die Ebbe hat eingesetzt, das Wasser zieht sich zurück, und obwohl mich jede Welle Richtung Strand wirft, werde ich auch jedes Mal kurz vor der Welle ein gutes Stück meerwärts gezogen. Am Strand bewegt sich alles in einer Diagonalen. Es ist total lächerlich: Ich bin nur wenige Meter vom festen Boden entfernt, aber es ist so gut wie unmöglich, dorthin zu gelangen. Ich drehe mich um und schwimme gegen den Strom, ich habe das Gefühl, voranzukommen. Aber vielleicht sollte ich mich passiv verhalten. Vielleicht würde ich, wenn ich mich gar nicht bewegte, wie Treibgut an Land gespült werden. Ganze Baumstämme landen auf diese Weise am Strand, einmal sogar ein Sofa. Dann müsste das doch auch mit mir funktionieren.

Aber mir tun die Knie weh, und mir wird bewusst, dass sie gegen die Holzkonstruktion reiben. Ich bin kein Stück weitergekommen. Schlimmer noch, ich treibe in die Richtung ab, in die der Wind weht. Ich will unbedingt zurück ans verheißungsvolle, sichere Land, aber was ich will, spielt gerade keine Rolle. Ich stoße mich abermals ab und ramme sofort mit der Schulter einen der Pfähle. Das Herz schlägt mir bis zum Hals. Ich japse vor Anstrengung. Solange ich denken kann, ist das hier – dieser Ort – mein Freund gewesen, aber er ist stärker als ich und so viel größer, dass es mir nicht gelingt, seine Aufmerksamkeit auf mich zu ziehen.

Wenn ich mich nicht schwimmend in Sicherheit bringen kann, muss ich eben klettern. Ich lasse mich wieder gegen den Wellenbrecher spülen, dieses Mal aber klammere ich mich daran fest, mit beiden Händen und Füßen. Dann ziehe ich mich hoch und krieche auf blutigen Knien über den hölzernen Damm, bis ich den Strand erreiche. Ich setze mich auf die Steine und wickle mir ein Handtuch um den Kopf. Ich zittere und weiß nicht, ob vor Anstrengung oder vor Erleichterung.

Seltsamerweise komme ich mir hinterher überhaupt nicht

heroisch vor wie eine Überlebende, sondern vielmehr so, als
hätte ich mich fürchterlich blamiert.

*

Der leicht ätzende Chlorgeruch in der warmen Luft, die rutsch-
festen Fliesen unter den Füßen, das dumpfe Geräusch einer
Umkleidekabine. Schwimmanzug, Badekappe, Schwimmbrille.
Eine Münze für den Spind. Socken in die Schuhe stopfen, Man-
tel und Tasche übereinanderstapeln, Schlüssel umdrehen,
Gummiarmband überziehen. Duschen.

Dann bin ich drin. Das Wasser ist zu warm, zu blau, zu voll
von Menschen. Aber es ist der Ort, an den ich kommen muss,
wenn ich noch einmal Schwimmen lernen will. Einmal pro
Woche, montags um 18 Uhr 30, begebe ich mich in die Hände
von Wendy, die alles demontiert, was ich bisher übers Schwimmen zu wissen glaubte. Was, wie sich herausstellt, ohnehin
nicht viel war. Ich bin immer geschwommen, aber ich habe es
nie richtig gelernt. Wahrscheinlich habe ich es mir irgendwie
selbst beigebracht. Für meine Zwecke hat es immer gereicht.
Ich war eine sichere Schwimmerin. Aber in letzter Zeit musste
ich wohl oder übel einsehen, dass ich mich da wohl überschätzt
hatte.

Früher dachte ich, ich würde über ausreichend Kraft und
Energie verfügen, um mich im Falle eines Falles selbst zu retten. Jetzt bin ich mir da nicht mehr so sicher. Ich bin ängstlich
geworden, stehe am Strand und überlege, ob die Strömung
wohl zu stark ist und was mir bei einem Kälteschock wider-
fährt, und das führt immer häufiger dazu, dass ich gar nicht ins
Wasser gehe. Der pure Selbsterhaltungstrieb, mag man jetzt
sagen, und vielleicht sind meine Instinkte tatsächlich etwas

besser kalibriert als früher. Keine schlechte Sache. Aber mir ist aufgefallen, dass ich mich oft dagegen entscheide, ins Wasser zu gehen, wenn alle anderen aus meiner Gruppe sich begeistert hineinstürzen. Das könnte bedeuten, dass die anderen alle viel unvernünftiger sind als ich (und ich schwöre, das habe ich mir oft genug eingeredet, wenn ich dann alleine am Strand stand und versuchte, mit der Scham klarzukommen). Eine etwas realistischere Auslegung ist, dass entweder meine Kalibration etwas aus dem Tritt geraten ist oder ich das alles nicht mehr so gut kann. Ich muss wissen, dass ich mich aus eigener Kraft aus unvorhergesehenen Situationen herauskämpfen kann – sei es, wenn mich plötzlich eine Unterströmung Richtung Hafen zieht, sei es, wenn ohne Vorwarnung ein Gewitter losbricht, sei es, wenn im Sommer die Jetskifahrer, die vermutlich im Pub vollgetankt haben, über den Ästuar heizen. Für alle diese Fälle muss ich mir sicher sein, dass ich mich mit ein paar beherzten, kräftigen Schwimmzügen in Sicherheit bringen kann.

»Mein Problem ist«, erkläre ich Wendy, als sie mich fragt, wieso ich mich für ihren Kurs angemeldet habe, »dass ich nicht kraulen kann.«

»Was schwimmst du denn normalerweise?«, fragt sie.

»Brust«, sage ich. »Brustschwimmen kann ich ziemlich gut ...« Ich halte inne, als mir klar wird, wie vermessen das gegenüber einer ausgebildeten Schwimmlehrerin klingen muss. »Ich meine, das kann ich so einigermaßen. Und relativ lange.« Ich gerate ins Schlingern, will unbedingt vermitteln, dass ich mich eben nicht überschätze. »Ich tauche mit dem Kopf unter und alles.«

Wendy nickt. »Kannst du Rückenschwimmen?«

»Oh ja«, sage ich. »Das geht prima.« Wieder verkrampfe ich

mich. Was für mich prima ist, ist für sie noch lange nicht prima. Für Wendy heißt prima wahrscheinlich, dass ich damit in einer Schwimmgala bestehen könnte. Für mich heißt prima, dass ich mich über Wasser halte, aber Rückenschwimmen ist sowieso nicht so mein Ding.

»Aber wenn ich kraule, dann bin ich immer rasend schnell erschöpft, und während ich kraule, habe ich das Gefühl, ich würde sterben.«

»Okay«, sagt Wendy in neutralem Ton und mit unbewegter Miene. »Dann sehen wir uns jetzt erst mal dein Brustschwimmen an.« Ich steige ins Becken und stoße mich vom Rand ab. Ich achte darauf, die Beine beim Schlag nicht zu drehen, und frage mich, wo ich wohl korrekterweise die Arme lassen soll, nachdem ich sie in einer Fächerbewegung seitwärts an mir vorbeigezogen habe. Als ich am Ende der Bahn ankomme, ruft Wendy: »Okay, und jetzt auf dem Rücken!«, und ich wende und lasse die Arme rotieren, wobei ich mir unsicher bin, wie ich den Kopf halten soll. Wie auch immer, so jedenfalls nicht, ich habe ihn viel zu weit nach hinten gelegt, und jetzt habe ich Wasser in der Nase, was dazu führt, dass ich vom Kurs abkomme und mit der Trennleine kollidiere.

Ich kichere und korrigiere meinen Kurs, aber auf einmal muss ich regelrecht lachen. Das hier ist einfach so lächerlich. Was mache ich denn bitte hier? Ich war vier, als ich zuletzt beim Schwimmunterricht war. Ich weigerte mich, den Kopf unter Wasser zu tauchen, der Lehrer kippte einen Eimer Wasser über mir aus, und meine Mutter meldete mich empört von dem Kurs ab. Jetzt, fast vierzig Jahre später, brüste ich mich unerklärlicherweise damit, dass ich das jetzt könne – dass ich beim Ausatmen das Gesicht unter die Wasseroberfläche drücken kann –, doch meine Beine wollen nicht so schlagen wie früher, und meine Arme wollen keine ganze Runde drehen, weil ich durch jahrelanges Tippen am Laptop meine Schultern ruiniert habe.

Ich erreiche das flache Ende des Beckens, und Wendy sagt: »Na, das scheint dir ja Spaß gemacht zu haben. Jetzt eine Runde Kraulen?«

Ich hole tief Luft. Okay. Ich schieße los, die Arme zu einem Pfeil vor mir geformt, und versuche dann, mit ihnen das Wasser zu durchschneiden, immer schön abwechselnd. Bei jedem dritten Zug hole ich Luft. Ich paddele mit den Beinen und versuche, die Füße nicht über Wasser geraten zu lassen. Ich strecke den Rumpf, damit ich in der Körpermitte nicht durchhänge. Ein winziger Teil von mir glaubt, dass Wendy, wenn ich das Beckenende erreiche, klatschen und mir sagen wird, dass sie gar nicht wisse, was ich wolle, ich würde doch hervorragend kraulen – *perfekt*, wird sie sagen, *wie aus dem Lehrbuch* –, und dass ich überhaupt keinen Unterricht brauche. *Ab ins Wasser mit dir und bau einfach ein paar Muskeln auf,* sagt meine Fantasie-Wendy. *Und dein Selbstvertrauen, wenn du schon dabei bist!*

Aber ich habe erst drei Viertel der Bahn hinter mir und bin schon alle. Ich recke den Kopf unorthodox in die Höhe, um zu sehen, wie weit es noch ist. »Fast geschafft«, sagt Wendy, und ich wünschte, sie wäre fieser, damit ich sauer auf sie sein kann. Vielleicht könnte sie mir einfach einen Eimer Wasser über den Kopf kippen, dann könnte ich mich gepflegt aufregen und wir könnten die ganze Aktion abblasen.

Aber ich erreiche die Stange am tiefen Beckenende und schnaufe heftig. Ich klappe die Badekappe hoch, um das Wasser aus meinen Ohren zu lassen, und schüttele den Kopf. »Sehr schön!«, sagt Wendy. »Wir fangen mit Kraulen an und kümmern uns später um die beiden anderen Disziplinen.«

Zwanzig Minuten später verlasse ich auf wackeligen Knien die Schwimmhalle. Ich habe das Gefühl, kaum geschwommen zu sein. Ich bin an ein Schwimmbrett geklammert und allein mit den Beinen schlagend das Becken auf und ab gepaddelt, was anstrengender ist, als es aussieht. Ich habe mir etwas, das sich Pull Buoy nennt – eine ambossförmige Schwimmhilfe –, zwischen die Oberschenkel geklemmt und versucht, damit über die Wasseroberfläche zu gleiten. Ich habe mich bemüht, Wendys Aufforderungen nachzukommen, die Ellbogen höher zu heben, nein, noch höher, nein, *noch höher!*, und die Handgelenke gerade auszurichten, wenn meine Fingerspitzen die Wasseroberfläche berühren, und ich bin mir ziemlich sicher, dass es mir nicht gelungen ist, aber Wendy ist so freundlich, jetzt erst mal nichts mehr dazu zu sagen. Ich habe versucht, das alles miteinander zu kombinieren – den Rumpf, die Beine, die Ellbogen, die Handgelenke –, und dabei festgestellt, dass ich deutlich weniger bin als die Summe meiner Körperteile. Ich mache zehn Züge, dann fällt mir auf, dass ich vergessen habe zu atmen. Irgendwo in den Tiefen meiner Achseln quält mich ein unerklärlicher Schmerz. Ich fühle mich wie in Einzelteile zerlegt, und zwar nicht nur als Schwimmerin, sondern auch als Mensch.

»Nächstes Mal wird es noch schlimmer«, erklärt Wendy fröhlich, als ich mich Richtung Umkleide schleppe. »In ungefähr fünf Wochen weißt du vielleicht wieder, wie man schwimmt.«

Am liebsten würde ich die Hände hochreißen und sagen: *Okay, das war's. Schluss. Schwimmen ist nichts für mich.* Aber ich weiß, das ist bloß mein verletztes Ego, das da spricht. Ich bin aus dem Gleichgewicht, wie so oft. Es gehört eine Portion Demut dazu, so einen Umlernprozess zu durchlaufen, und genau die versuche ich gerade aufzubauen. Wenn ich besser schwimmen lernen will, muss ich bei null anfangen, selbst eine Null sein. Ich muss mich einem anderen Menschen anvertrauen und zulassen, dass er mich verbessert. Ich muss den Teil von mir, der es besser weiß, den Teil von mir, der glaubt, ich würde es richtig machen, den Teil von mir, der will, dass alle mich für perfekt halten, loslassen.

Es geht nicht so sehr darum, etwas Neues zu lernen, sondern darum, mir Altes abzugewöhnen.

*

Sich Altes abzugewöhnen ist so eine Sache für sich. Und ich bin diesbezüglich keine Anfängerin. Ich bin weniger als das. Ich stehe noch weit vor dem Anfang, denn noch liegt die Aufgabe vor mir, zu vergessen, was ich bereits zu wissen glaubte. Das Ganze ist keine rein kognitive Aufgabe, es geht nicht darum, einfach alte Fakten gegen neue auszutauschen. Ich ringe vor allem mit meinem Muskelgedächtnis, ich versuche, meinem Körper abzuerziehen, was er für Schwimmen hält. Entmutigt und entschlossen zugleich gehe ich Woche für Woche zu meiner Schwimmstunde, und jedes Mal werden meine Züge chaotischer. Ich versuche, sie in ihre Einzelteile zu zerlegen, und jede Komponente für sich gelingt mir, aber alle zusammen klappen einfach nicht. Sobald mir ein Teil gelingt, missglücken mir alle anderen.

Ich weiß nicht, ob ich das hier Schritt für Schritt hinkriege. Ich glaube vielmehr, dass ich einfach immer wieder zum Unterricht gehen und auf so etwas wie eine Offenbarung warten muss.

Jedenfalls scheint das einigen anderen in dem Kurs so zu gehen: Ein Schwimmer, der den einen Montag noch genauso unbeholfen unterwegs ist wie ich, legt am nächsten Montag plötzlich eine mühelose Technik an den Tag und pflügt wie ein Uhrwerk durchs Wasser. Ab und zu blitzt das auch in mir auf. Ein paar köstliche Sekunden lang arbeiten Körper und Geist perfekt zusammen, ich spüre diese Leichtigkeit, das Gefühl, dass mehrere unterschiedliche Rhythmen sich synchronisieren und in Fluss kommen. Aber dann bricht alles wieder zusammen. Meine Rhythmen geraten minimal aus dem Tritt. Sie finden nur für wenige Züge zueinander, dann zerfällt alles wieder.

Mein Lernprozess hat etwas von einem Pendel, das zunächst von einem Extrem zum anderen schwingt, dann aber langsam seine Mitte findet. Ich mache immer weniger falsch. Ich fange an zu begreifen, was ich tun muss. Eines wunderbaren Tages gelingt es mir, eine ganze Bahn mit anstandslos kooperierenden Armen und Beinen zu schwimmen, und Wendy lehnt sich über den Beckenrand und sagt: »Ich glaube, jetzt hast du es.« Als ich nach Hause gehe, bin ich hoffnungsvoll, vielleicht doch noch eine richtige Schwimmerin zu werden. Ich überlege, ob ich mir irgendetwas Tolles vornehmen sollte, ob ich mich zu einem Wettbewerb oder einem Wohltätigkeits-Langstreckenschwimmen anmelden sollte, nur um sicherzustellen, dass ich dieses Ziel weiterverfolge. Und dann, als ich mit Leib und Seele an der Schwelle zu etwas Neuem stehe, kommt der erste Lockdown.

In den folgenden strengen, sorgenvollen Monaten der Pandemie dürfen wir nicht einmal mehr im Meer baden. Ich versuche mir einzureden, dass ich mit dem Lernen einfach eine Weile pausiere, aber mein Gehirn spielt da nicht mit. Ständig schwappen die Gedanken ans Schwimmen in meinem Kopf herum. Ich sitze auf dem Trockenen fest und kann nicht aufhören, die neuen Bewegungsabläufe zu üben, die mein Körper gerade angefangen hat zu verinnerlichen. Ich stehe im Wohnzimmer und zeige meiner Familie meinen neuen Schwimmzug: Ich beuge mich vornüber, hebe die Ellbogen spitz nach oben, bis den Unterarmen nichts anderes übrigbleibt, als gegen den Kopf zu schlagen. Ich greife ins nicht vorhandene Wasser. Ich erkläre, dass ich das Knie fünfundvierzig Grad beugen muss, um die Friktion zu minimieren. Ich merke, wie meine Beine zucken, wie sie jetzt schlagen wollen.

Tagsüber summe ich Joni Mitchells »Blue«. Nachts schwimme ich durch meine Träume. Manchmal bin ich in diesen Träumen nicht in der Lage, irgendeinen Schwimmzug zu machen, und jede Kreisbewegung der Arme fühlt sich an, als würde etwas zermahlen. Ich wache davon auf, dass ich Wasser geschluckt habe. Oder aber ich gleite durchs Wasser wie eine Yacht, mein ganzer Körper arbeitet in perfekter Übereinstimmung und führt geschmeidige, kraftvolle Schwimmzüge aus. Diese Träume beeindrucken mich sehr. Ein Teil meines Gehirns hat die Kontrolle über den Lernprozess übernommen und vom wachen Bewusstsein ins Unbewusste verschoben, es erlaubt mir, meinen Ängsten zu begegnen und mühelos Bewegungsmuster zu üben, die ich sonst unter großer Anstrengung erlernen würde. Ich laufe über von dem Gedanken an das blaue Becken, der Sehnsucht nach dem Meer, dem Absterben eines Körperwissens und der Aneignung eines neuen.

Aber schon bald lässt auch das nach. Denn inzwischen gewöhne ich mir nicht mehr nur das alte Schwimmen ab, sondern auch mein bisheriges Leben. Durch die Pandemie wird so vieles völlig ungeordnet und panisch aufgelöst. Es ist keine

Zeit, alles gründlich zu überdenken, es muss schnell gehandelt werden. Aber nicht nur ein paar Tage, Wochen oder Monate lang. Nein, ein ganzes Jahr lang geht das so, länger als ein Jahr, deutlich länger. Bald kann ich mich gar nicht mehr erinnern, was ich früher gemacht habe. Genau wie beim Schwimmunterricht überschreibt das eine Wissen sukzessive das andere. Zahllose Monate vergingen, in denen ich gar nicht mehr anders leben konnte als so, wie es mir unter dem Druck der Pandemie abverlangt wurde.

Und als die alte, vertraute Welt dann zurückkehrte – langsam, schleppend, auf unsicheren Beinen –, wusste ich gar nicht recht, was ich mit ihr anfangen sollte. Ich hatte so vieles verlernt. Das Schwimmbad öffnete wieder, meine Freundinnen trafen sich wieder am Meer, das Wasser funkelte wieder verheißungsvoll.

Aber ich war seltsamerweise gestrandet. Ich stand am Ufer und ertrank fast in Unlust. Ich konnte es mir nicht erklären, aber: Das Wasser war nicht mehr meine Domäne. Ich hatte das Salz verloren, von dem ich einst glaubte, es sei ein natürlicher Bestandteil meines Blutes. Wir standen voreinander wie Fremde und wussten nicht, wie wir uns kennenlernen sollten.

Es gibt Momente, in denen wir uns unseren Verlusten stellen müssen, ohne genau zu wissen, was wir eigentlich verloren haben. Ich muss irgendwie zurück ins Wasser, und wenn es nur ist, weil ich mich erinnern kann, dass mich dort einst ein Zauber umfing, und wenn es nur ist, weil ich nicht weiß, wer ich ohne es bin. Und es liegt auch nicht am Wasser an sich. Das Wasser verkörpert lediglich die Leerstelle, die es früher einmal ausgefüllt hatte. Und für mich besteht die Herausforderung nun darin, diese Leerstelle – diese Abwesenheit – zu verstehen.

Gezeiten

Wenn ich mich ganz klein fühlen möchte, gehe ich bei Ebbe ans Meer.

Es ist kurios, wie man, wenn man an der Küste wohnt, den Gezeitenkalender quasi in sich trägt. Wenn man jeden Tag am Meer spazieren geht, verinnerlicht man diesen Rhythmus, der sich im Laufe der Woche stetig verschiebt. Manchmal kann man ihn riechen – den Tang, der vom Wind an Land getragen wurde und dort seinen starken Salzgeruch verbreitete, den plötzlichen Nebel. Manchmal kann man ihn hören – die Geräusche in den Straßen klingen anders, wenn das Wasser da ist. Wenn ich ein paar Tage nicht am Meer war, kommt mir dieses Gespür für seinen Rhythmus abhanden, und ich bin orientierungslos. Als hätte ich meine innere Uhr verloren.

Ich habe meine Lieblingszeiten, um an den Strand zu gehen. Nicht dann, wenn ganz viel Wasser zu sehen ist, sondern dann, wenn so wenig wie möglich da ist. Hier in Whitstable zieht sich das Meer bei Ebbe so weit zurück, dass tatsächlich kilometerweit nur noch Schlick zu sehen ist. Für viele ist das ein enttäuschender Anblick, für mich nicht. Ich stehe gerne an dem vor allem aus zermahlenen Muscheln bestehenden und darum ganz weißen Abschnitt des Strandes und betrachte die freigelegte Hafenmauer am East Quay. Besonders gerne sehe ich mir die von der Flut gezeichnete grüne Linie mehrere Meter über dem Meeresboden an. Ich stelle mir die Wassermenge vor, die nötig ist, um das Meer wieder bis zu der Linie ansteigen zu lassen, zwei Mal am Tag, und genieße dieses Gefühl einströmenden Brackwassers im Bauch. Es ist im Grunde unvorstellbar, klar, aber es geht trotzdem immer wieder vor sich, wie ein simples Uhrwerk, so still und sanft, dass man es kaum bemerkt. Man muss nur einen halben Tag am Strand verbringen, um diese sanfte Kraft zu spüren und wie sie in einen hineinkriecht. Meist verlasse ich den festen Sandstreifen und bewege mich ein paar Meter in den Bereich, der bald wieder überschwemmt sein wird. In die Gezeitenzone, den Inbegriff von Liminalität, von Schwellenbereich. Ich lausche dem leisen Plätschern des wenigen Wassers, das noch da ist. Und stelle mir vor, das Meer wäre da, über mir.

Ich denke nur selten daran, dass das, was ich da betrachte, in Wirklichkeit die Kraft des Mondes ist. Die Sonne hat auch Einfluss auf die Gezeiten, aber nur sehr wenig. Die Nähe des Mondes zur Erde, sein reines Ausmaß, bedeutet, dass die Gezeiten sichtbar gewordene Schwerkraft sind. Die Erde dreht sich, und das Meer drängt Richtung Mond und verursacht dort, wo er am nächsten ist, eine Flut. Zur gleichen Zeit entsteht auch auf der gegenüberliegenden Seite der Erde, also da, wo der Mond am weitesten entfernt ist, Hochwasser. Dieses Hochwasser ist etwas überraschend: Die Anziehungskraft des Mondes wirkt nicht durch die Erde hindurch, und darum schwappt das Wasser, von lunaren Kräften befreit, in die entgegengesetzte Richtung.

Hochwasser entsteht immer dann, wenn der Mond ganz nah oder ganz weit weg ist, und Niedrigwasser in den Phasen dazwischen. Die Sonne hat keinen echten Einfluss auf unsere Wahrnehmung der Gezeiten, sie verstärkt lediglich die Wirkung des Mondes, hilft ein bisschen nach. Unsere Tage sind vierundzwanzig Stunden lang, aber der Mond braucht vierundzwanzig Stunden und fünfzig Minuten, um die Erde zu umrunden. Das bedeutet, dass die Gezeiten sich jeden Tag um ungefähr eine Stunde verschieben, dass sie sich rastlos durch die Vormittage und Nachmittage bewegen, als versuchten sie, uns zu entkommen.

Zwei gigantische Wellen bewegen sich permanent um die Erde, und zwei Mal am Tag sehen wir sie in ihrer vollen Größe. Wir ahnen nicht einmal ansatzweise das Ausmaß dessen, was da eigentlich vor sich geht, weil wir alles immer nur von einem Punkt aus sehen. Wir machen uns nur selten Gedanken darüber, dass diese beiden Wellen uns mit dem gesamten Planeten verbinden – und mit dem Raum darüber hinaus.

*

Ich versuche immer noch, mich wieder dazu zu bewegen, ins Meer zu gehen. Langsam wird mir klar, dass mir nicht einfach nur eine Gewohnheit abhandengekommen ist. Ich finde das Wasser immer noch sehr verlockend, aber seine Unstetigkeit schreckt mich ab. Und zwar weil ich selbst unstet bin. Seit etwa zehn Jahren leide ich nun schon an Morbus Menière. Die Ursache dieser Krankheit ist zu viel Flüssigkeit im Innenohr, und ihre Symptome sind in meinem Fall etwa alle zwei Monate migräneartige Anfälle, bei denen mir schwindelig und schlecht wird. Mit Tabletten bekomme ich Schwindel und Übelkeit einigermaßen in den Griff, aber vor allem muss ich dann erst einmal ein paar Tage kürzertreten. Das war enorm belastend, solange ich in Vollzeit arbeitete – zumal die Anfälle häufig von Stress und zu viel Zeit am Bildschirm ausgelöst wurden. Inzwischen habe ich mir mein Leben rund um diese Krankheit eingerichtet, sodass diese Episoden einfach nur etwas lästig sind. Ich hasse sie, aber ich habe alles mir Mögliche getan, um sicherzustellen, dass sie nicht meine Lebensgrundlage bedrohen. Wenn man an einer chronischen Krankheit leidet, ist das die beste Art von Waffenstillstand, auf die man hoffen kann.

In letzter Zeit allerdings – seit ich mit Covid infiziert war – ist alles irgendwie anders. Ich habe ständig das Gefühl, mein Innenohr sei geschwollen, und meine Trommelfelle sind so extrem empfindlich, dass ich sogar das Zuschlagen einer Tür am anderen Ende eines Gebäudes spüren kann. Jede Druckwelle macht mir zu schaffen, jedes Dröhnen, Schrappen, Flackern. Mein Gehör ist eine einzige Rückkopplung, ich verliere die Orientierung. Ich kann nicht mehr orten, woher ein Geräusch kommt, und bin oft verwirrt, wenn ich Bert aus einem anderen Zimmer nach mir rufen höre, obwohl er doch neben mir steht. Manchmal bin ich mir nicht sicher, ob ich überhaupt hören kann, wenn ich nicht gleichzeitig sehe, wie der Sprecher die Lippen bewegt. Meine Ohren sind geschwollen. Mein ganzer Kopf ist ein Ballon kurz vorm Zerplatzen. Immer häufiger stelle ich mir vor – und wie ich höre, bin ich nicht die einzige Menière-Patientin, die das tut –, ein wohlwollender Arzt würde mir ein Loch in den Schädel bohren, um die Luft herauszulassen. Die Vorstellung alleine, so unrealistisch sie sein mag, hat schon erleichternde Wirkung.

Das Schlimmste sind die Schwindelanfälle. Über die Jahre habe ich mit unterschiedlichsten Formen von Schwindel Bekanntschaft geschlossen. Nicht immer plagt mich das Gefühl, um mich herum würde sich alles drehen, aber auch das kommt oft genug vor. Manchmal scheint mir eher das Haus in einer Schieflage zu sein, sogar die Möbel stehen schief. Ich stelle dann gerne eine Tasse auf den Tisch und beobachte, wie sie herunterrutscht. Ich bin noch unbeholfener als sonst und finde mehr und mehr, dass Menschen wie mir, bei denen überdurchschnittlich viel Porzellan zu Bruch geht und deren Polstermöbel mit verschüttetem Tee verunstaltet sind, die Kosten für Neuanschaffung und Reinigung erstattet werden sollten. Wenn ich das Haus verlasse, wird mir gesagt, ich hätte Schlagseite, als würde ich mich zur Seite neigen, um einer unsichtbaren Kraft entgegenzuwirken. Vor lauter Anspannung tut mir der Rücken weh, und ich verziehe verbissen die Miene vor einer Anstrengung, die ich selbst gar nicht mehr wahrnehme.

Nachts träume ich häufig von Menière-Anfällen, die so heftig sind, dass ich mich nicht vom Fleck bewegen und meine Füße nicht finden kann. Bemerkenswert, wie mein Gehirn das mitten in der Nacht heraufbeschwören kann, dieses Gefühl, sturzbetrunken und in allem wie gelähmt zu sein. In diesen Träumen rutscht und rattert die Zeit, oft weiß ich nicht, wo ich bin und warum und wann. Manchmal frage ich mich, ob mein Körper die ganze Macht des Schwindels spürt, während mein Gehirn schläft und nicht eingreifen kann. Oder ob es einfach Angst ist, die Vorstellung einer gefürchteten Zukunft, in der ich zunehmend die Kontrolle verliere, bis ich überhaupt nicht mehr klar sehen und denken kann. Was passiert, wenn ich hilflos bin? Was wird dann aus mir?

Mir ist durchaus bewusst, dass das Grundproblem dieser Krankheit zu viel Wasser ist. Ich will wieder ins Meer, aber das Meer ist mir nicht mehr ruhig genug, und es ist entschieden zu nass. Es ist keine Pause im Alltag mehr. Es ist viel zu sehr wie das Innere meines Kopfes. Ich bin seekrank, ich habe Heimweh, und mir ist schwindelig. Ich kann nicht mal sagen, was davon das Schlimmste ist. Das Schwimmen fehlt mir. Mir fehlt der Glaube, dass mein Körper etwas kann, dass er belastbar ist, aber mich einfach treiben zu lassen übt keinen Reiz mehr auf mich aus. Ich brauche einen festen Horizont, an dem ich ankern kann. Das alles sind viel mehr logische Überlegungen als Instinkt. Ich muss nehmen, was ich kriegen kann.

Mir fehlt auch die Gemeinschaft derer, mit denen ich regelmäßig schwimmen ging, die Frauen, mit denen ich mich mehrmals pro Woche traf, wie wir uns alle gemeinsam mutig und stark fühlten. Mir fehlen die zehn Minuten intensiven, fröhlichen Geschnatters, das Gefühl der Befreiung, das Gefühl, dass unsere Sorgen im Netz gemeinsamer Fürsorge aufgefangen wurden, wenn auch nur für kurze Zeit. Mir fehlt die Weisheit der Gruppe, das Gefühl, dass ich jedes Problem mitbringen und besprechen konnte, dass ich auf Verständnis stieß und sogar Lösungen aufgezeigt bekam, Geschenke anderer Lebenserfahrungen. Mir fehlen die Tage, an denen ich mich vom Wasser genauso getragen fühlte wie von den Menschen, mit denen ich schwamm, bei denen ich das Gefühl hatte, umgekehrt auch sie zu tragen und nützlich zu sein.

Am meisten aber fehlt mir das Gefühl von Ehrfurcht, das mich immer erfüllt, wenn ich ins Meer gehe. Mir fehlt das Gefühl, dass ich eine riesige Kathedrale betrete und dass ich mich nicht in eine der vielen trockenen Bänke setze, sondern mit ihr verschmelze. Mir fehlt es, die Gezeiten zu spüren, ihren Zug, und mit ihnen den Zug der ganzen Welt, des Mondes und der Sonne, das Gefühl, ein Glied in der Kette zu sein, die ganze Galaxien miteinander verbindet.

*

Ich fantasiere weiter davon, den zunehmenden Druck im Kopf ablassen zu können, und irgendwann wird mir klar, dass ich von Trepanation träume.

Das Verfahren, ein Loch in den Schädel zu bohren, um die dicke Membran freizulegen, die das Gehirn umschließt, hat eine lange, kuriose Geschichte hinter sich. Auf der ganzen Welt wurden aus allen Zeitaltern stammende Schädel mit teilweise wieder zugewachsenen Löchern gefunden – was den Schluss zulässt, dass die Patienten die Prozedur überlebten. Hippokrates und Galen haben das Verfahren beschrieben, das in Europa bis in die Renaissance praktiziert wurde und zur Behandlung von geistigen wie körperlichen Krankheiten diente.

Ein kleiner Stamm moderner Trepanisten, die vor allem in Hippiekreisen am Rande der britischen Aristokratie zu finden sind, glaubt, mit dem Eingriff einen biologischen Fehler zu korrigieren. Das Zusammenwachsen der Schädelplatten gegen Ende des zweiten Lebensjahres, so argumentieren sie, begrenze das freie Pulsieren des Gehirns und unterdrücke daher die für junge Menschen so typische Vitalität, Kreativität und Aufgeschlossenheit. Jenny Gathrone-Hardy schrieb 1995, nachdem ihr Partner eigenhändig eine Trepanation an ihr vorgenommen hatte, in *The Independent*: »Mir war, als sei ich jahrelang nichts weiter als eine Marionette gewesen, die den Kopf hängen ließ, und als hätte der Puppenspieler jetzt meinen Kopffaden aufgenommen und würde ihn sanft nach oben ziehen. Mich durchströmte eine Klarheit und eine wachsende Energie, die beide im Laufe der Zeit weder nachließen noch verschwanden.« In den Augen dieser Menschen bedeutet die Trepanation die Neueinstellung der biologischen Uhr und weist auf die Möglichkeit ewiger Jugend hin.

Warum in früheren Zeiten Trepanationen durchgeführt wurden, ist nicht bekannt, wir können also nur spekulieren. An einigen Funden ist klar erkennbar, dass der Entfernung von Teilen des Schädels heftige Verletzungen vorausgegangen waren, aber das galt eben nicht für alle Fälle. Einige Bohrlöcher wurden an wohlhabenden und sogar hochstehenden Persönlichkeiten, Männern wie Frauen, vorgenommen. Es gibt Theorien, wonach es dabei um Besessenheit vom Teufel ging, um Epilepsie und Migräne, aber auch um spirituelle Reisen oder die Suche nach Klarheit. Haben die Menschen früherer Zeitalter diese Operation also durchgeführt, um etwas aus ihrem Kopf hinauszulassen – oder in ihn herein?

Langsam frage ich mich, ob mein Verlangen nach einem Loch im Kopf womöglich der Wunsch nach beidem ist. Ich will den Druck reduzieren und den furchtbaren Nebel vertreiben, der mir immer wieder den Geist trübt. Ich sehne mich auch danach, ein Fenster zu öffnen, durch das dann etwas hereinflattern könnte, das sich mir bisher entzogen hat. Ich meine das natürlich nicht ernst, ich habe nicht vor, selbst Hand anzulegen und mir den Schädel aufzubohren. Aber ich verstehe den Impuls dahinter, die Verbindung zwischen Kopf, Geist und Gehirn, und das Gefühl, dass meine Gedanken da drin feststecken und nicht rauskönnen. Wenn ich doch bloß wüsste, wie ich sie befreien könnte, denn dann, glaube ich, wäre Platz für die zarten Stimmen, die ich noch nicht hören kann.

Dem Psychologen Julian Jaynes zufolge ist es völlig natürlich, Stimmen zu hören. Während die Wissenschaft stets davon ausgegangen war, unser Bewusstsein sei schon immer genauso gewesen wie heute, behauptete Jaynes, unsere Ahnen hätten geistig völlig anders getickt als wir heute. In seinem 1976 erschienenen Buch *Der Ursprung des Bewusstseins durch den Zusammenbruch der Bikameralen Psyche* argumentiert er, unsere Fähigkeit zur Selbstreflexion – also dazu, über unsere Gedanken und Gefühle nachzudenken und sie zu analysieren – habe sich erst in relativ neuerer Geschichte entwickelt, etwa um tausend vor Christus. Davor war unsere Psyche *bikameral*, bestand also aus zwei Kammern. »Es hat eine Zeit gegeben«, schreibt er, »in der das menschliche Wesen in zwei Teile zerfiel: einen Lenker und Leiter namens Gott und einen Gefolgsmann namens Mensch.« Wir hatten kein Bewusstsein, wie wir es heute kennen, wir konnten Ideen, Gedanken und Gefühle nicht voneinander trennen und auch nicht glauben, dass sie aus uns selbst entstanden. Stattdessen erlebten wir Gedanken als eine Serie auditiver Halluzinationen, die wir für die Stimme Gottes hielten. Diese Stimme sagte uns, was wir zu tun hatten, und wir lebten gemäß ihren Anweisungen. Zu Zeiten der *Ilias* und des *Gilgamesch-Epos* hörten wir alle solche Stimmen.

Jaynes behauptet, unser Bewusstsein entstehe aus unserer Sprache und dass wir die Sprache des autonomen Selbst erst vor ungefähr dreitausend Jahren entwickelt hätten. Das Gehirn ist ein »plastisches« Organ – es modifiziert die Nervenbahnen, je nachdem, wie wir sie benutzen wollen –, und darum entscheidet eine Neukonzeptualisierung unserer selbst darüber, wie sich das Gehirn entwickelt. Als wir anfingen, metaphorische Sprache zu benutzen, luden wir gleichzeitig ein neues Betriebssystem hoch, mit dem es uns unbewusst möglich war, ein »Ich« zu imaginieren, das die Wahrnehmung der Welt in einer handelnden Person vereinte. Wir begannen, unsere eigenen Lebensgeschichten zu gestalten, die Kontrolle über sie zu übernehmen, und wir hörten auf, die Stimme Gottes zu hören.

Jaynes' Gott ist nie eine objektive Realität. Bei ihm ist nie die Rede von einem übernatürlichen Wesen, sondern vielmehr von einem Nachrichtensystem von einem Teil des Gehirns zu einem anderen, das wie die gebieterische Stimme eines herrischeren Wesens scheint. So gesehen ist Gott eine Form der Kommunikation zwischen dem legislativen und dem exekutiven Teil unserer Selbstverwaltung. Die Menschen früher brauchten keine Gebete, wie wir sie heute kennen, weil die Beziehung ohnehin unmittelbar war. Jaynes zufolge existierte eine nüchterne, alltägliche Beziehung zwischen Gott und Mensch.

Das ist natürlich eine ziemlich kontroverse Ansicht, die nicht auf Gehirnscans beruht, sondern auf der gründlichen Lektüre klassischer Literatur. Die Vorstellung, dass unser Geist, die Grundlage unseres Menschseins, keine stabile Angelegenheit ist, finde ich einigermaßen verstörend, und wenn man Jaynes' Theorie erst verstanden hat, erfordert das einige Vertrauensvorschüsse, wenn wir versuchen, uns vorzustellen, dass man auch vollkommen anders denken könnte. Andererseits gibt es auch ein paar Punkte, wo mir die bikamerale Psyche deutlich plausibler erscheint als alles, was mir sonst bisher über mich und meinen Geist erzählt wurde. In mir regen sich häufig Gefühle und Einblicke, die unmittelbar nichts mit meinen bewussten Gedanken zu tun haben, und ich mache mich dann daran, zurückzuverfolgen, woher sie stammen könnten. Intuition ist ähnlich, jenes Bauchgefühl, das schwer durch Logik zu erklären ist, dem man sich aber kaum entziehen kann und das in der Regel Recht hat. Für mich passt die Theorie auch auf mich als Autorin, die sich kein einziges Mal bewusst und aktiv eine Idee für ein Buch oder eine Geschichte ausgedacht hat, sondern die in der Regel komplette, fertige Ideen empfängt, nicht selten im Traum. Ich habe keinen Zugriff auf den Teil meiner selbst, der sich solche Sachen ausdenkt. Ich bekomme lediglich die Skizzen und arbeite sie aus.

Jaynes' Behauptung, in früheren Zeiten sei das Gebet die direkte Begegnung gewesen, eine ständige Zwiesprache, spricht mich sehr an. Ich glaube, ein Teil von mir sucht genau danach, ja, sehnt sich danach. Und wie meine Ahnen könnte ich ohne Weiteres daran glauben, dass die Weisheit, die durch mich in die Welt kommt, von einem größeren Geist als meinem stammt.

*

Nicht in der Lage, den Blick auf irgendetwas zu fixieren, verbringe ich massenweise Zeit auf dem Sofa und denke viel nach. Über die mir so bewusst werdende Abwesenheit jener Stimme, jener Zwiesprache. Ich hatte gedacht, mein Gefühl der Vollbremsung sei das Ergebnis eines jüngeren Verlustes gewesen und dass ich etwas verloren hätte, das vorher in meinem Leben einen Platz gehabt hatte und nun verschwunden war. Ich hatte gedacht, es sei so einfach: Herausfinden, was das war, und es mir zurückholen.

Aber jetzt, da ich zum Nachdenken verdammt bin, stelle ich fest, dass ich mich an dieser Annahme vorbeitaste, auf etwas zu, das ich noch nicht kenne, von dem ich aber weiß, dass ich es brauche. Ein bisschen wie ein ungenutzter Instinkt, der Ruf der Wildnis in einem domestizierten Tier wie mir. Vielleicht fällt es mir schwer, mich den vielen Veränderungen anzupassen, die die Erde in den letzten zehn Jahren geformt haben, aber mir geht mit aller Macht auf, dass ich nur in einer Dimension lebe. Und damit meine ich nicht nur, dass ich zu Hause eingesperrt bin. Es geht um mehr, um eine ganze Existenz, gezügelt, über-durchdacht, voller Angst. Das Leben, das ich mir aufgebaut habe, ist zu klein. Es ist zu wenig Platz darin: für Ideen, für Glauben, für Begegnungen mit dem sprühenden Zauber der Existenz. Ich war immer so erpicht darauf, all das zu verleugnen und ganz bewusst auf alles Rationale hinzusteuern, mich einzig an Erfahrungen zu klammern, die von anderen beobachtet werden können. Erst jetzt, da uns all das genommen ist, erkenne ich, wie dumm das von mir gewesen ist.

Ich will dieses Leben nicht mehr. Ich will sein wie Julian Jaynes' frühere Völker: Ich will mit Gott reden können. Nicht wie mit einem Menschen, bloß mit einer fernen und unfassbar weisen Gestalt. Nein, ich will dem Fluss der Dinge unmittelbar begegnen und ohne Worte kommunizieren. Ich will, dass etwas in mir bricht, ein Damm, der dieses leider nur noch atavistische Gespür für den Zauber in allen Dingen aufgestaut hat, dieses kribbelnde geistige Vermögen, das schon immer da war und nur darauf wartet, dass ich mich seinem Rhythmus überlasse. Ich will diese rohe, elementare Ehrfurcht spüren, die meine Vorfahren empfanden, und nicht die zahme, durcherklärte moderne Version davon. Ich will die Grenzen meines Schädels durchbrechen und eine Flut aus Licht, Luft und Geheimnis hereinlassen. Ich will, dass diese Zeit des Wandels mich verwandelt. Ich will ihre Macht in mich aufsaugen, ihre gigantischen, um die Erde schwappenden Wellen. Ich will mich auf das besinnen, was in der Ruhe wahrnehmbar wird, auf die leisen Stimmen, deren Flüstern nur bei absoluter Stille zu hören ist.

Wir sind eine vergessliche Spezies, wie besessen von den vielen Aufgaben, die unsere Tage füllen, und bekommen das große kosmische Drama, das sich tagtäglich um uns herum abspielt, überhaupt nicht mit. Und ich sitze hier und erinnere mich.

Pilgern

Ein früher Sonntagmorgen, die Kirchenglocken läuten, als ich an einer Bushaltestelle in der kleinen Ortschaft Harbledown stehe. Allerdings warte ich nicht auf einen Bus, sondern auf meine Freundin Clare, die mich mitnehmen will auf eine winzige Pilgerwanderung.

Das St. Nicholas Hospital wurde 1084 in unmittelbarer Nähe von Canterbury gegründet und war wahrscheinlich das erste seiner Art in England. Hier konnten an Lepra (heute Morbus Hansen genannt) erkrankte Menschen am Rande der Gesellschaft auf nahezu klösterliche Art zusammenleben. Sie bezahlten für ihren Aufenthalt, indem sie betteln gingen und dann für die Seelen der edlen Spender beteten. Die Wahl des Ortes fiel wie bei so vielen anderen Lepra-Krankenhäusern auf eine Kreuzung außerhalb einer größeren Stadt, aber in diesem Fall machte sich vermutlich ein weiterer Faktor geltend: eine Quelle, der heilende Kräfte zugesprochen wurden.

Es ist nicht ganz klar, ob die Quelle vor dem Krankenhaus da war oder ob das Krankenhaus mit der Quelle sein Heilangebot erweiterte. So oder so war das Hospital bekannt als ein Ort, an dem lepröse Gebrechen geheilt wurden, und als Edward von Woodstock, der Thronerbe, die Quelle besuchte und von der Lepra geheilt wurde, gewann die Heilanstalt an Renommee. Noch auf seinem Sterbebett trank Edward Wasser von dieser Quelle – angeblich, um seine Syphilis zu heilen –, doch vergebens. Trotzdem trägt die Quelle seither seinen Spitznamen und wird bis heute Black Prince's Well genannt.

Heilquellen finden sich in verblüffend großer Zahl in ganz England verstreut – dem Historiker James Rattue zufolge gibt es alleine in meiner Heimatgrafschaft Kent über zweihundert. Die allermeisten jedoch sind dem Vergessen anheimgefallen. Verlassen, überwuchert, verdeckt oder verfallen liegen sie unsichtbar irgendwo in der Landschaft, während ihre Jahrhunderte andauernde rituelle Bedeutung immer mehr versickert. Selbst von den Einheimischen weiß kaum jemand etwas über die Black Prince's Well, aber immerhin wird die Quelle wenigstens weiter gepflegt und unterhalten. Inzwischen befindet sie sich am Rand einer Senioren-Wohnanlage, und das Gras um sie herum wird regelmäßig gemäht. An jedem anderen Ort würde ein steter Besucherstrom zu ihr führen. In Canterbury jedoch gibt es so viel mittelalterlichen Glanz, dass man sich ein gewisses Desinteresse leisten kann.

Ich weiß nicht, ob ich die Quelle alleine überhaupt gefunden hätte. Eine riesige Wildrose mit dicken, dornigen Zweigen breitet sich wie ein Zeltdach über sie aus. Clare schiebt die Äste beiseite, und zum Vorschein kommt ein aus grauem Kalkstein gemauerter Rundbogen, in dessen verwitterten Kopfstein drei Federn, die Insignien des Schwarzen Prinzen, gemeißelt sind. Ein paar Stufen führen hinunter in ein etwa einen Fuß tiefes, gemauertes Becken, gefüllt mit dunklem Wasser, auf dessen Oberfläche die herzförmigen Blütenblätter der Rose schwimmen. Ab und zu steigt träge eine Luftblase auf, wenn die darunterliegende Quelle das Becken speist.

Ein außergewöhnlicher Anblick ist dieser Ort, zu dem in der Hoffnung auf Heilung über Jahrhunderte Menschen gekommen sind. Alles drum herum ist abgenutzt wie Bimsstein, die gemeißelten Steine wurden eher wahllos platziert, als habe man sie von irgendwo anders geliehen. Dieser Ort wirkt, als habe er sehr lange sehr geduldig darauf gewartet, dass jemand vorbeikommt und ihm huldigt, und jetzt stehe ich unbeholfen davor und weiß nicht, was ich tun soll. Hier knistert es förmlich vor Zauber, aber ich habe keine Ahnung, wie man sich an einem solchen Ort verhält – keine Tradition, keine Kultur hat mich darauf vorbereitet. Früher gab es mal ein Band des Verstehens, das sich von Generation zu Generation spannte, aber es ist schon vor langer Zeit gerissen. Das Einzige, was ich noch geerbt habe, ist das Vergessen.

»Was machst du, wenn du hier bist?«, frage ich Clare.

»Ich gehe die Stufen runter«, sagt sie. »Und verbringe einfach ein bisschen Zeit hier.«

Sie duckt sich unter den Brombeerranken hindurch und geht runter zum Wasser. Verunsichert wende ich den Blick ab. Ist das ein intimer Moment, wäre Zusehen Voyeurismus? Oder können wir nur durch Zusehen lernen, wie man mit solchen Orten interagiert? Ich lenke mich ab, indem ich die goldenen Sterne in der Mitte jeder Rosenblüte bewundere und andächtig über den gewundenen Stamm einer alten Weißbirke streiche.

Als Clare wieder hochkommt, bin ich dran. Ich ziehe die Schuhe aus und gehe in die Hocke, um mich unter der Rose hindurchzuducken. Sie bekommt mich dennoch am Rücken zu fassen und zieht mir den Regenmantel aus.

»Sie hält hier Wache!«, sagt Clare. »Behütet die Quelle schon seit Ewigkeiten.«

Ich sehe zur Rose auf, die sich nun über mich wölbt. »Darf ich bitte deine Quelle besuchen?«, frage ich. Keine Ahnung, wie sie mir antworten soll, aber ich überlasse ihr einfach mal meine Jacke, für den Fall, dass sie ein Pfand will, das gutes Betragen meinerseits sichert. Der kurze Weg hinunter zum Wasser ist feucht, Frauenhaarfarn wächst aus den gemörtelten Fugen. Wenige Schritte abseits des Pfades finde ich mich in einer völlig anderen Welt wieder, die Geräusche von draußen sind gedämpft, meine Schritte dagegen hallen wider. Der Übergang ist unmittelbar und unverkennbar: Das hier ist eine Hierophanie, ein von zahllosen menschlichen Absichten durchdrungener Ort. Die Quelle spielt sie alle für mich ab, wie eine Kassette, wobei die Bedeutungen verschlüsselt sind und ich sie nicht ganz verstehe. In der Stille sind nur das Wasser und ich, und wir haben nichts weiter zu tun, als uns aufeinander wirken zu lassen.

Mit den Zehen berühre ich den Rand des Beckens, mit den Fingern störe ich die auf der Oberfläche schwimmenden Blütenblätter. Ich kann nicht anders, als das Wasser zu kosten, es ist sauber und leicht mineralisch, ich verteile ein wenig davon auf meiner Stirn. Wie bitte? Soll das etwa eine Taufe sein? Ich weiß es nicht. Ich nehme an, die Pilger tranken einst reichlich von dieser heiligen Quelle, aber ich mit meinen modernen Befindlichkeiten traue nur Flaschen und Wasserhähnen. Ich schäme mich ein bisschen. Schon wieder gelingt es mir nicht, zu glauben, zu vertrauen. Schon wieder fällt meine Verehrung halbherzig aus.

In den letzten Wochen sind auch andere Menschen hier gewesen. In der Lücke zwischen zwei Ziegelsteinen liegt eine Herzmuschel, und am Grund des Beckens entdecke ich etwas Blaues, Glänzendes. Ich krempele mir die Jeans hoch und steige hinein, spüre die ursprüngliche Kälte des Quellwassers. Ich greife nach dem blauen Glanz und berge ein Stück Glas, einen Edelstein, so groß, dass er meine Handfläche ausfüllt. Ich will den Wunsch nicht stören, der mit diesem Stein verbunden war, darum lasse ich ihn wieder ins Wasser gleiten. Die Quelle lebt noch – und mit ihr gewisse Rituale.

*

Ich überlege schon lange, wie ich reden soll mit einem Gott wie meinem – mit jener Vorstellung, die ich mir einfach so anhand meiner eigenen eher instabilen Wahrnehmungen aus der Luft gegriffen habe. Ich bin an einem Punkt in meinem Leben angelangt, an dem ich den Kontakt mit einem Bewusstsein brauche, das weiser ist als ich, weniger frustriert und ängstlich. Ich möchte reden und dabei sicher sein können, dass mir jemand zuhört. Aber mein Glaube wankt. Manchmal glaube ich, dass ich glaube. Manchmal überfordert mich selbst das. Ich komme mir blöd vor bei der ganzen Sache. Ich weiß nicht, wie man so was macht.

Irgendwie hat sie sich klammheimlich an mich herangeschlichen, diese Überzeugung, dass ... was? Dass es da etwas gibt, etwas Riesiges, Weises und Schönes, das mein gesamtes Leben durchdringt. Etwas, das präsent ist, aufmerksam, hinter dem Alltäglichen. Eine Bewusstseinsfrequenz am unteren Ende der Skala, inmitten des Rauschens. Eine Erfahrungsschicht, die aufgedeckt werden will. Es ist das »ozeanische Gefühl«, das Freud Rätsel aufgab, das »Gefühl wie von etwas Unbegrenztem, Schrankenlosem«, das sich in manchen Menschen fand, nur nicht im Vater der Psychoanalyse. Freud nahm an, dass es sich dabei um eine Funktion des entwickelten Geistes handelte, jedenfalls nicht um eine Wahrnehmung des Göttlichen. Ich teile sein Unbehagen, aber ich stimme ihm nicht zu. Jahrelang habe ich versucht, dieses Gefühl zu unterdrücken. Immer wieder habe ich mir gesagt, dass ich humanistische Freude in der natürlichen Welt suchte, aber so ganz wahr fühlte es sich eigentlich nicht an. Es breitete sich langsam immer mehr aus, bis ich den Aufstand probte: leidenschaftlich, hartnäckig, aufrührerisch. Außerhalb meiner vier Wände rottete es sich zusammen, skandierte und winkte mit Transparenten. Ich wurde es nicht los.

Wenn ich zu verstehen versuche, was ich eigentlich glaube, geht es mir wie einem ins Spiel vertieften Kind. Es gibt keine Stabilität. An den Rändern meines Sichtfeldes sammelt sich ein Gefühl, aber wenn ich es direkt ansehen will, löst es sich auf. Es überlebt meinen Blick nicht, und auch sonst keine Systematisierungs- oder Analyseversuche. Es ist eine andere Art von Glauben, eine andere Art von Gefühl. Es verlangt Vertrauen, und daran hat es mir schon immer gefehlt.

Meine Meditationsübung sagt mir oft, ich solle weicher werden und mich öffnen. Sie lehrt mich, schwierige Gedanken in aller Ruhe zuzulassen und sie erst einmal zu verdauen, bevor ich übereilt darauf reagiere. Aber jetzt, da sich jeder einzelne Bereich meines Lebens passiv anfühlt, fühlt sich auch das passiv an. Ich muss reden. Ich muss die vielen dunklen kleinen Gedanken, die mir durch den Kopf sausen wie Stechmücken, irgendwie loswerden. Am liebsten wäre mir, wenn sie komplett verbrannt würden, aber da das nicht geht, wäre ich auch mit einer kühlenden Salbe gegen die Stiche zufrieden. Ich möchte beten lernen, aber ich weiß nicht, wie man betet. Ich will meine Hände falten, aber ich weiß nicht, was das bedeuten würde. Ich will keine Vermittler. Ich will keine Liturgie. Ich will schlicht und direkt mit einem Wesen reden, das ich nicht recht wahrnehmen kann, und mir fehlt die passende Sprache dafür.

*

Wie Clare es mir vorausgesagt hatte, nimmt die Quelle in den folgenden Wochen viel Raum in meinen Gedanken ein. Ich habe das Gefühl, sie würde mich einladen, mit ihr zu interagieren: mit ihrem knorrigen Steinbogen und den Stufen runter zum Becken führt sie mich zu sich. Sie möchte umsorgt werden. Aber die Quelle ist auch zutiefst rätselhaft, denn genau da endet die Einladung. Wenn man erst da ist, ist man auf sich allein gestellt. Die Quelle liefert keinerlei Hinweise, was zu tun ist, keine Liturgie, keine Zeremonie. Am Fuße der Stufen musst du dich deinen eigenen Sehnsüchten stellen, deinen eigenen Sinn stiften. Im Wasser spiegelt sich dein eigenes sorgenvolles Gesicht. Du bist es, die die Quelle ausfüllt.

Mir geht häufig durch den Kopf, dass Rituale eigentlich vielmehr unsere Hände beschäftigen als unseren Kopf, dass wir damit Handlungen vollziehen, mit denen wir wieder ganz bei uns sind. Rituale sind etwas anderes als ein Gottesdienst: Sie haben mehr mit Instinkt zu tun als mit etwas Konstruiertem, sie sind Gesten, die uns helfen, dem Moment zu Bedeutung zu verhelfen. Sie verlangen uns nicht viel ab, sie sind schlicht, fast schon passiv. Man folgt den einzelnen Schritten, und peu à peu erkennt man, was man braucht.

Rituale sind derzeit genau das, was ich brauche. Die Welt um mich herum öffnet sich wieder, nachdem sie mehrere Jahreszeiten hintereinander am Blühen gehindert wurde, und während alle anderen erleichtert nach draußen drängen, werde ich meine Beklemmung nicht los. Ich bin begeistert, wieder echten Menschen zu begegnen, ihren entsetzlichen, omnipräsenten Lärm zu hören, der mir so gefehlt hat. Mein Gehirn scheint allerdings vergessen zu haben, wie es damit umzugehen hat. Ich stammele und schweige, während ich gleichzeitig rausgehen und alles wieder tief in mich aufsaugen will.

Bald ist Lammas. Lammas ist das erste Erntefest des Jahres, es wird am 1. August gefeiert, wenn der Sommer gerade seinen Höhepunkt überschritten hat. An Lammas ist das Getreide reif, und die Arbeit auf dem Feld beginnt, um die Früchte der warmen Monate zu ernten, bevor es wieder kalt wird. Der Name »Lammas« stammt von dem angelsächsischen Wort *hlafmæsse*, was so viel heißt wie »(Brot-)Laibmesse«, und obwohl nicht klar ist, wie genau es früher gefeiert wurde (oder ob es überhaupt gefeiert wurde – vielleicht war es auch einfach nur ein besonderer Tag im Kalender), pflegen einige Menschen die Tradition, mit dem Mehl aus der neuen Ernte ein Brot zu backen und es in die Kirche zu bringen, um es segnen zu lassen.

Ein Lammas-Brot zu backen ist im Grunde eine Form von Therapie, geht mir auf: etwa eine Stunde lang mit den Händen Teig zu bearbeiten ist ein Ritual für sich. Lammas-Brote können geflochten oder wie Menschen oder Tiere geformt werden, aber ich entscheide mich für eine Weizengarbe, die ich aus einem harten, mit Butter angereicherten Teig modelliere. Ich knete ihn und lasse ihn gehen, dann knete ich ihn wieder, dann teile ich ihn in zwei Hälften. Erst forme ich den unteren Teil des Brotes wie eine Pilzscheibe. Dann trenne ich zahllose kleine Klumpen ab und rolle sie zu dünnen Stängeln und torpedoförmigen Ähren. Zum Abschluss kommt ein Band um die Mitte, und ich finde, meine Kreation sieht erstaunlich gut aus. Fast kommt es mir vor, als habe sich durch das heftige Kneten ein

Teil meiner Angst in den Teig übertragen. Als hätte ich einem anderen Teil meines Körpers gestattet, eine Weile das Denken zu übernehmen, und als hätte das den Druck in meinem Gehirn reduziert. Vielleicht sollte ich in den nächsten Wochen öfter Brot backen, geht mir etwas zynisch durch den Sinn. Ich verstecke noch die obligatorische Maus zwischen den Stängeln – sie dient zur Mahnung, wer das Getreide fressen wird, wenn es nicht schnell geerntet wird – und lasse den Teig abermals gehen, dann backe ich ihn. Als ich das Brot aus dem Ofen hole, glänzt es golden und köstlich, und ich habe das Gefühl, das ist seit Langem das Größte, was ich geleistet habe.

Am nächsten Morgen treffe ich mich wieder mit Clare an der Quelle. Dieses Mal sind wir vorbereitet: Ich habe ein paar Ranken vom Wein dabei, der in der Nähe meines Küchenfensters am Zaun wächst, sowie einen Bund Minze aus meinem Garten. Clare hat aus ihrem Garten Lavendel, Damaszenerrosen und eine Handvoll winziger, unreifer Birnen mitgebracht. Wir haben vom letzten Mal gelernt und bringen der Wildrose dieses Mal ein Opfer dar – wir klemmen ihr eine Margarite zwischen die Dornen –, und so dürfen wir auf dem Weg hinunter zum Brunnen unsere Jacken anbehalten. Wir verteilen die Weinranken und Blumen auf den Steinen und streuen die Kräuter aufs Wasser. Mit Austernschalen beschweren wir ein paar Krähenfedern, die wir im Gras gefunden haben. Ich könnte mir jetzt zu jedem Gegenstand eine Geschichte zu seiner Bedeutung ausdenken, aber sie wären alle gelogen. Wir opfern der Quelle einfach nur, was wir finden können. Als wir damit fertig sind, haben wir sie umsorgt, ihrer gedacht.

Wir setzen uns auf den Rasen und teilen das Brot, wir tunken es in den heißen Kaffee aus der Thermoskanne, bevor wir es essen. Dann verbringen wir nacheinander alleine Zeit mit der Quelle. Das Wasser duftet nach Spätsommer – Minze und Rose –, und die bröckelnden Steine sehen stolz aus mit ihrem Blätterschmuck. Ich lege ein Stück Lammas-Brot auf den Rundbogen, für die Vögel. So oder so gibt es wieder Leben an der Quelle. Clare und ich haben einen neuen Zauber entfacht, wir haben diesem Ort seine alte Bedeutung zurückgegeben und für uns selbst eine neue gefunden. War gar nicht so schwer. Es brauchte nur ein paar willige Hände sowie die Bereitschaft, zuzuhören und einen Ort zu sehen, der unsichtbar geworden war.

Während ich so mit den Füßen dort im Wasser stehe, wird mir bewusst, dass ich den Brunnen um gar nichts bitten muss, weder um seinen Segen noch um seine Wünsche noch um ein Wissen, das ich selbst nicht finden kann. Ich muss einfach nur Kontakt herstellen zu einem Ort, in dem ein Rest von Hierophanie steckt, muss die Verbindung spüren zwischen mir selbst und den vielen anderen verlorenen Seelen, die vor mir hier waren und auch nicht recht wussten, was sie sagen sollten. Statt ein Gebet zu sprechen, habe ich mich einfach dieses Ortes angenommen, habe ich eine Geste vollführt, mit der das unsichtbare Fortbestehen von Sehnsucht anerkannt wird. Die Geheimisse der Quelle sind keine Offenbarungen oder Wunder, sondern der Fluss durch Jahrhunderte des Unwissens, die Verbindung des Wunsches, zu verstehen.

Hier und jetzt will mir scheinen, dass die Zwiesprache mit Gott gar nicht so viel mit Glauben zu tun hat, sondern vor allem mit Übung. Es geht mehr darum, es regelmäßig zu tun, als daran zu glauben, es ist ein Akt der Anbetung, der genauso erwidert wird: stumm, durch die Hände und Füße, durch die unzähligen Wahrnehmungsmöglichkeiten des Körpers.

Gemeinde

Barfuß stehe ich in Norddevon am Hartland Quay inmitten einer Horde fremder Frauen, die mir dennoch irgendwie vertraut sind. Wir gehören zusammen, wir alle stecken in Wärmemänteln und winddichten Ponchos, haben bunte Badekappen und Schwimmbrillen auf. Wir nicken einander freundlich zu und reden über unsere Liebe zu Rettungshunden (meiner sitzt schmollend oben auf der Klippe, weil er nicht an den Strand darf) sowie über den morgen vermutlich anstehenden Wetterwechsel. Der Wasserpegel ist hoch, das Meer dunkelblau, der Himmel darüber wolkenlos. Meine Freundin Jennie zieht sich direkt hinter uns um. Ich will schnell ins Wasser, bevor ich es mir anders überlege.

Ich bin nervös. Habe Angst, mich zu blamieren. Die Küste hier bei Hartland besteht vor allem aus schwarzem Basalt, in den Buchten ragt er wie die Wirbelsäulen liegengebliebener Kreaturen aus dem Wasser. Ich war immer davon ausgegangen, dass es gefährlich sei, hier zu schwimmen, aber man versichert mir das Gegenteil: Hier gibt es keine Strömungen, die einen wie zu Hause in Whitstable zum Hafen treiben. Das Wasser in einer Bucht ist an ruhigen Tagen wie heute sicher und berechenbar. Es ist derselbe kalte, saphirblaue Atlantik, aber etwas gezähmt. Und doch: Ich bin nicht ans offene Meer gewöhnt. Ich weiß, dass ich an Kraft verloren habe und insbesondere auch an Selbstvertrauen. Dank einer neuen medikamentösen Einstellung ist mir nicht mehr ständig so schwindelig, aber ich bin immer noch ziemlich wackelig unterwegs, und darum kommt mir das offene Meer doch verdammt groß vor. Ich vertraue ihm nicht, und ich vertraue mir nicht. Ich habe das Gefühl, im vergangenen Jahr um ein ganzes Jahrzehnt gealtert zu sein.

Jennie, die mir immer wieder gerne erzählt, dass sie meine Mutter sein könnte, aber nicht halb so empfindlich sei wie ich, zieht sich ihre Neoprensocken an und prüft, ob ihre Zöpfe sicher auf ihrem Kopf vertäut sind. »Wir schwimmen raus zum Life Rock«, sagt sie und zeigt auf eine Basaltnadel mitten in der Bucht.

»Gibt es auch einen Death Rock?«, frage ich – in erster Linie, um meine Nervosität zu überspielen. Life Rock scheint ganz schön weit draußen zu liegen und gemeine scharfe Kanten zu haben. Diese Küste hier ist berühmt für zahllose Schiffbrüche, trickreiche Geologie und geheime Buchten.

»Bestimmt nicht nur einen«, sagt sie.

Ich war vor einigen Stunden bereits an derselben Stelle gewesen, bei Ebbe, und hatte mit Bert und H in den Felsbecken nach Einsiedlerkrebsen und verlassenen Kreiselschneckenhäusern gesucht, jenen winzigen, schachbrettgemusterten Kegeln, deren Inneres perlmuttern glänzt. Bert war auf den Life Rock geklettert und hatte uns von ganz oben zugewinkt, während ich versuchte, ihn nicht im Geiste herabstürzen zu sehen. Jetzt, da er auf der Hotelterrasse über uns in Sicherheit sitzt und Pommes isst, spüre ich unter mir die geologischen Formationen, über die wir am Vormittag geklettert sind. Sie haben den ganzen Tag über die Wärme der Sonne gespeichert und geben diese jetzt wieder ab, immer wieder sind die warmen Bänder im Wasser zu spüren.

Nach monatelanger Trennung schwimmen Jennie und ich nebeneinander her. Die anderen rasen davon, aber wir halten uns an ein gemächliches Tempo, und Jennie sagt, es tue ihr leid, dass sie mich so ausbremse. Da verkennt sie die Tatsachen, und ich widerspreche ihr heftig. Ich bin mir selbst nicht sicher, ob ich unseren Zielpunkt überhaupt erreichen werde, aber ich bin bereit, es zu versuchen und mich dabei zu verausgaben. Jennie hat mir gefehlt. Wir sind keine Freundinnen im herkömmlichen Sinne, wir kennen uns nur vom Schwimmen, und als sie wegzog nach Hartland, bekam unsere Schwimmgruppe in Whitstable einen Knacks, wie ich fand. Das war, noch bevor wir alle durch den Lockdown verunsichert wurden. Und jetzt scheint die Gruppe irreparabel zu sein. Wir alle sind auf die eine oder andere Weise aus der Übung.

Das Wasser ist hier viel tiefer als bei uns in Kent, aber so klar, dass ich den Boden sehen kann. Ich habe an Wintertagen schon am Kai gestanden und die an den Strand donnernde Brandung beobachtet, aber heute ist das Meer ganz ruhig. Es schwillt einfach nur immer wieder an und hebt uns mit einer großen, sanften Bewegung empor, um uns dann wieder abzusenken. Das Ganze ist viel gemächlicher, als ich gedacht hatte, viel leichter zu schaffen. Es beruhigt mich, andere Schwimmerinnen vor mir zu haben. Wir sind nicht allein, das gibt mir ein Gefühl von Sicherheit. Wir sehen die anderen in dem Spalt von Life Rock verschwinden, und kurz darauf sind auch wir da und können den runzeligen Felsen berühren. In dem Spalt befindet sich eine Art Becken, in dem die anderen Frauen bereits von der Dünung hin und her geworfen werden. Der Effekt ist hier ausgeprägter, stärker, aber dennoch sanft. Es hat etwas Kindisches, sich in diesen ungewöhnlichen Raum zu begeben, nur um sich hin und her werfen zu lassen. Wahrscheinlich bin ich die Jüngste hier, aber wir alle spielen, überlassen uns vertrauensvoll den sanften Launen des Meeres, das heute beschlossen hat, sich nicht von seiner autoritären Seite zu zeigen. Es wiegt uns.

Zurück schwimmen wir über die Schiefer- und Sandsteinklippen am anderen Ende der Bucht, die Jennie zufolge vor über dreihundert Millionen Jahren entstanden sind. Ich muss an die enormen Kräfte denken, die nötig waren, um die Landschaft so zu formen, an die unfassbaren Maßstäbe geologischer Zeitrechnung, von denen die Rede ist, und fühle mich wunderbar klein. Wir schwimmen in Tiefenzeit. Wir haben das Meer uns einen Bruchteil seiner Kraft zeigen lassen, und im Gegenzug haben wir ihm unsere Kraft gezeigt, unseren Willen und unsere unbändige Freude.

Als ich abends im Bett liege, spüre ich immer noch die Dünung in mir, wie sie sich hebt und senkt.

Ein Teil von mir begegnet Gruppen aus mehreren Menschen stets mit einem gewissen Argwohn. Ich bin von Natur aus eine Einzelgängerin. Ich mache die Dinge gerne auf meine Weise und in meinem Tempo. Ich wehre mich gegen jede Form von Zeitplänen und Forderungen nach meiner Aufmerksamkeit, und ich lehne die Verhaltensweisen ab, die Erwachsene an den Tag legen, sobald sie irgendeinem Verein beitreten. Ich hasse organisierten Spaß. Ich bin mehr für spontane Treffen mit wenigen engen Freunden. Und doch sehne ich mich zunehmend danach, Teil einer Gemeinde zu sein, einer Gruppe von Menschen, mit denen ich zusammenkommen und nachdenken kann, ich möchte gerne hören, wie andere das merkwürdige Problem der Existenz gelöst haben. Vor allem aber möchte ich, dass sie mich zur Rechenschaft ziehen, dass sie mich im Auge behalten, dass sie mich antreiben, Gutes zu tun. Ganz alleine meinen spirituellen Glauben zu pflegen, fühlt sich ganz schön einsam an. Ich möchte Teil einer Gruppe sein, mit der ich zurückfinde zu Ideen, die mich verwirren und herausfordern.

Mir ist bewusst, dass sich das widerspricht, aber ich glaube, dass Gemeinden luftig genug sein können, um auch Platz für Leute wie mich zu haben, die eher unregelmäßig teilnehmen und einfach nur zuschauen. Aber ich wüsste nicht, wo ich anfangen sollte. Ich habe schon oft überlegt, Mitglied einer Gemeinde zu werden, einfach nur, um umfangen zu werden von kollektivem Gebet, von jener ganz besonderen Atmosphäre, die entsteht, wenn viele Einzelne gemeinsam still und aufmerksam sind. Aber ich habe nie etwas Passendes gefunden. Ich habe den Veranstaltungsplan der Quäker in Whitstable studiert und stalke nachgerade mehrere buddhistische Sanghas im ganzen Land. Letztes Jahr überlegte ich ernsthaft, der Einladung einer heidnischen Gruppe in Whitstable zu folgen und mich ihr anzuschließen. Doch egal, worum es sich drehte, am Ende habe ich immer gekniffen: Ich bin nicht hingegangen, bin nicht Mitglied geworden. Nichts scheint so richtig zu passen, jedenfalls nicht besser als die Kirchen, die ich bereits kenne. Ganz gleich, wofür ich mich entscheiden würde, ich wäre nur halbherzig dabei, weil mir einige Aspekte gut gefallen und ich andere lieber ausklammern möchte. Im besten Fall wäre ich ein wankelmütiger Gast. Und ich will diese wunderbaren Gemeinden nicht beleidigen, indem ich ihren Glauben zu etwas mache, das »am ehesten zu mir passt«. Schließlich geht es hier nicht um eine politische Partei, die es zu wählen gilt. Das hier ist eine viel delikatere, viel persönlichere Angelegenheit.

Ich habe auch keine Lust mehr, mich alter Traditionen zu bedienen, die mit meiner Zeit und meinem Ort nicht viel zu tun haben und die ich darum verbiege und ohnehin nur teilweise verstehe. Mir ist aufgefallen, wie häufig wir das tun, wie häufig wir uns die tröstlichen Punkte komplexer religiöser Traditionen wie Rosinen herauspicken – in der Regel die Punkte, die uns sagen, dass alles gut wird – und die Verpflichtungen, die damit einhergehen, ignorieren, insbesondere die, die etwas mit Nachdenken über uns selbst zu tun haben. Es gibt sehr gute Gründe dafür, in Glaubenssachen wählerisch zu sein: Religionen sind oft belastet von den weltlichen Vorurteilen derer, die sie repräsentieren, und es lohnt sich, alles genau unter die Lupe zu nehmen und die in ihnen enthaltenen wertvollen Gedanken zu entdecken. Aber für all jene, die wie ich die Lupe niemals beiseitelegen können, besteht das Risiko, unser schlechtestes Verhalten zu rechtfertigen. Im Internet sehe ich oft Memes, mit denen uns gesagt wird, dass wir genauso sind, wie wir sein sollen, wie Gott uns gewollt und gemacht hat, und das löst großes Unbehagen in mir aus. Mag sein, dass ich keine göttliche Stimme im Ohr habe, die mit alldem aufräumt, aber ich bin mir ziemlich sicher, Gott – was immer man sich darunter vorstellt – wollte nicht, dass wir beispielsweise rassistisch sind. Jeder Einzelne von uns muss an sich arbeiten. Eine spirituelle Praxis, die uns mit Selbstakzeptanz sediert, ist doch nichts mehr als ein Pflaster auf unserem Narzissmus. Eine Gemeinde – jedenfalls eine, in der unterschiedliche Denkweisen gestattet sind – zieht uns zur Rechenschaft.

Ich tendiere zu der Vorstellung, dass Gott nicht eine Person ist, sondern die Summe von uns allen, durch alle Zeiten. Und das heißt, die Notwendigkeit ist noch viel größer. Es ist unsere

Pflicht, das ganze breite Spektrum der Menschheit zu betrachten und eben nicht nur unsere eigene kleine Ecke davon zu verteidigen. Das ist es, wonach ich mich sehne: das Gefühl von Kontakt. Die Aussicht, dass es mich auf eine Weise verändert, die ich nicht vorhersehen kann. Die Aussicht, dass ich es eines Tages besser machen werde.

*

Der Zen-Friedensstifter-Orden (Zen Peacemaker Order, kurz ZPO) ist eine Organisation, die sich ganz der Beschäftigung mit den dunkelsten Zeiten in einem Menschenleben widmet. Die Idee zu einem spirituellen Netzwerk, mit dessen Hilfe die Mitglieder nicht nur über die Verbindung sämtlicher Menschen untereinander nachdenken, sondern diese Verbindung tatsächlich erfahren können und versuchen, etwas zu verändern, kam Sensei Bernie Glassman 1994. Die drei Grundsätze des ZPO lauten: Nichtwissen, Zeugnisablegen und Handeln. Jeder kann Mitglied der Gemeinschaft werden, weder der Glaube spielt eine Rolle noch das Maß des persönlichen Engagements. Einzig die Bereitschaft und der Wille, sich in diesen Prozess einzubringen, sind Voraussetzung, um mitmachen zu können.

Es waren genau diese drei Grundsätze, die mein Interesse an den Friedensstiftern weckten: Sie handeln mehr davon, Dinge zu erkunden, und weniger davon, sich bereits sicher zu sein, und sie treiben uns an, auf der Basis von Information Veränderungen herbeizuführen. Mit Nichtwissen geht es los: Man wird aufgefordert, die eigenen Vorstellungen und Glaubenssätze aufzugeben. Roshi Wendy Egyoku Nakao beschreibt Nichtwissen als einen »Blitz von Offenheit oder einen jähen Wechsel zu absoluter Präsenz im Jetzt«, der es uns erlaubt, den Ballast unserer politischen Ansichten, unserer vorgefassten Meinungen und unserer Haltungen abzuwerfen und zurückzukehren zur direkten Beobachtung dessen, was uns in diesem Moment begegnet.

Dann kommt Zeugnisablegen: die Bereitschaft, die Umwelt so wahrzunehmen, wie sie sich uns präsentiert, und zwar voller Neugier und Mitgefühl. Für die Zen Peacemaker bedeutet das oft, die Aufmerksamkeit auf die Bereiche des Lebens zu richten, vor denen wir sonst lieber Augen und Ohren verschließen. Erst dann kommt der dritte Grundsatz zum Zuge: Handeln. Zen Peacemaker sehen nicht einfach nur untätig zu – sie nehmen sich Zeit, sich mit etwas zu befassen, bevor sie darauf reagieren. Die Natur dieser Reaktion ist nicht definiert. Manchmal kann es schon ausreichen, einfach nur Zeuge zu sein, manchmal können wir gar nicht mehr tun. Andere Male kann uns völlig spontan etwas einfallen, das wir tun können, viel oder wenig. So oder so sollten wir diesen Vorgang nicht als einen linearen betrachten, sondern immer wieder zum Zustand des Nichtwissens zurückkehren. Mit jeder Beobachtung verstehen wir die wahre Natur der Wirklichkeit ein wenig besser.

Die Zen Peacemaker sind vielleicht am bekanntesten für ihre »Zeugnisablegen«-Retreats, bei denen die Teilnehmer eine Woche an Stätten kollektiver Traumata verbringen, allen voran in Auschwitz-Birkenau, aber auch in Jerusalem oder unter Obdachlosen in unterschiedlichen Städten auf der ganzen Welt oder unter Lakota, amerikanischen Ureinwohnern in South Dakota. Bernie Glassmann bezeichnete das, was bei diesen Retreats praktiziert wird, als *Eintauchen*. Die Teilnehmer lösen sich von ihren Vorurteilen und tauchen ein in eine Welt voller schmerzhafter Wahrheiten. Es handelt sich dabei häufig um etwas, das für die Teilnehmer von persönlicher Bedeutung ist, das etwas mit beschämenden oder tragischen Familiengeschichten zu tun hat. Während dieser Retreats wird eine neue Verbindung hergestellt zwischen den Menschen und dem zutiefst Menschlichen dessen, was passiert ist, wodurch es möglich wird, körperlich zu erfahren, was anderen Schreckliches angetan wird. Ziel dieser Retreats ist auch Heilung, darum enden sie stets mit einer Zeremonie, mit der die rastlosen Seelen an Orten massenhaften Leidens besänftigt werden sollen.

Aufgrund der Pandemie fanden eine Zeitlang keine Retreats in Präsenz statt, aber das eröffnete mir die Möglichkeit, stattdessen an einem verlängerten Wochenende an einem Online-Retreat teilzunehmen, einem »Tieftauchgang« in das Thema »Rasse« in Amerika. Als ich mich an einem Freitagnachmittag in die Zoom-Schalte einloggte, hatte ich ein bisschen Angst, dass meine Teilnahme als übergriffig oder sonst wie unpassend empfunden werden könnte. Doch als die Sitzung begann, ging mir auf, dass meine Herausforderung an ganz anderer Stelle lag. Meine Konzentrationsfähigkeit war so gestört, dass ich fürchtete, keine drei Stunden am Stück am Bildschirm präsent sein zu können. Ich bezweifelte, so lange stillsitzen und zuhören zu können. Schon gleich ganz am Anfang, als wir aufgefordert wurden, unser Unbehagen auszuhalten und zu versuchen, nicht den Blick abzuwenden, kribbelten meine Finger und wollten etwas tun, während ich hinsah. Ich hatte ein schlechtes Gewissen, weil ich mich aus meiner Familie ausgeklinkt hatte, ich kam mir faul und unproduktiv vor. Ich überlegte, meine Kamera zu deaktivieren, mit meinem Laptop in die Küche umzuziehen und zu kochen, während ich dem Retreat weiter lauschte.

Aber damit hätte ich aus der Übung das gemacht, was unsere heutige Zeit aus allem macht: einen von vielen gleichzeitig stattfindenden Informationsflüssen, auf die wir uns nur halb einlassen. Wenn ich wollte, dass das hier wirklich etwas Besonderes war – wenn ich mit den anderen Menschen, die sich in denselben digitalen Kanal geschaltet hatten, in Verbindung treten wollte –, dann musste ich voll und ganz dabei sein. Mir ging durch den Kopf, dass man sich in der Kirche auch nicht verstecken kann. Und auf den harten Bänken kommt man nicht mal zum Tagträumen. Man hat keine andere Wahl, als die gesamte Aufmerksamkeit auf den Gottesdienst zu richten. Dasselbe musste ich hier tun, auch wenn ich hier keinen prüfenden und damit disziplinierenden Blicken ausgesetzt war. Ich holte Streichhölzer aus der Kommode im Flur und zündete eine Kerze auf meinem Schreibtisch an. Dann schnappte ich mir, um meine Hände zu beschäftigen, einen der neben meinem Bildschirm liegenden runden Steine. Sein Gewicht, seine Schwere halfen mir, stillzusitzen.

An jenem Wochenende hörten wir viele unterschiedliche Stimmen, die uns von ihren unmittelbaren Erfahrungen mit Rassismus berichteten, uns die schreckliche Geschichte der Sklaverei erzählten und von Lynchmorden und der Brutalität, mit der Polizisten die Leichen von Schwarzen behandeln. Es fiel mir immer schwerer, stillzusitzen. Mir war, als würde ich nur darauf warten, geschlagen zu werden. Aber dann fiel mir in meiner Starre etwas auf. Dadurch, dass ich Zeugin wurde, veränderte sich ein Thema, von dem ich dachte, ich wüsste bereits alles darüber. Ohne die Möglichkeit, Fragen zu stellen oder Trost auszusprechen, eine Lösung zu finden oder um Entschuldigung zu bitten, war ich sämtlicher Mittel beraubt, mit denen ich mir sonst seelische Erleichterung verschaffen konnte. Ich musste mich der Sache anders stellen, und dieses Mal hörte ich viel mehr als je zuvor. Zeugin zu werden ließ die Vergangenheit komplexer erscheinen und die Gegenwart dringlicher. Ich wollte nicht mehr wegsehen. Ich konnte es gar nicht.

Zum Abschluss eines jeden Tages fanden wir in kleinen Gruppen zu einem sehr wichtigen Teil der Friedensarbeit der Zen Peacemaker zusammen: dem Way of Council, einer Art Kreisgespräch. Das Konzept entstammt den Traditionen amerikanischer Ureinwohner, es handelt sich dabei um eine Zusammenkunft, mit der der Zeugniserfahrung mehr Tiefe verliehen werden soll. Es darf immer nur eine Person gleichzeitig sprechen, wobei alle aufgefordert sind, aus tiefstem Herzen zu sprechen, völlig spontan zu entscheiden, was sie mit den anderen teilen wollen, und dies möglichst prägnant zu tun. Alle anderen sind angehalten, zuzuhören, ohne zu analysieren oder zu argumentieren, selbst zustimmende Kommentare sind unerwünscht. Man spricht so aufrichtig wie möglich und erhält dafür die Aufmerksamkeit der anderen – nicht mehr und nicht weniger.

In der Gruppe gilt absolute Vertraulichkeit, und darum beschränke ich mich darauf, festzuhalten, dass diese Kreisgespräche mir ein sehr willkommener Abschluss jedes Tages waren, sie halfen mir dabei, ein klein wenig Ordnung in meine Gefühle zu bekommen, und lieferten mir die ungeschminkten Reaktionen meiner Mitstreiter auf das Erlebte. Einen Großteil der Zeit saßen wir schweigend da und warteten darauf, dass sich Worte in unserem Mund formten. Mir ging durch den Kopf, dass ich über weiße Vorherrschaft in den USA inzwischen viel besser Bescheid wusste als über dasselbe Thema in meinem

Heimatland und dass ich mich verantwortlich zeigen und in meiner näheren Umgebung Zeugnis ablegen sollte. Ich war wieder am Anfang, ich wusste nichts oder zumindest nur sehr wenig.

Am meisten bewegte mich das sanfte Mitgefühl einer Gemeinschaft, die nicht versucht, nachdenkliches Schweigen mit beliebigen Worten zu brechen, die bereit ist, auf die Gefühle einzelner Menschen zu vertrauen und Konflikt und Zweifel auszuhalten. Es war eine ganz besondere und sehr schöne Erfahrung, an der Schaffung dieses Umfelds beteiligt zu sein. Am dritten Tag wurden wir, bevor es losging, aufgefordert, uns in Selbstfürsorge zu üben, darauf zu achten, was dieses neue Wissen rein körperlich mit uns machte. Ich schämte mich ein wenig, das zu brauchen. Hin und wieder merkte ich, dass meine Aufnahmefähigkeit nachließ, vor allem, als es um Schwarze Kinder im Alter meines Sohnes ging, die ermordet wurden, aber auch, als von weißen Kindern erzählt wurde, die als Zuschauer zu den Lynchmorden mitgebracht wurden. Beides empfand ich als unerträgliche Gewaltakte, die natürlich von Generation zu Generation weitergegeben wurden. Seltsamerweise fiel es mir aber fast genauso schwer, dabeizubleiben, als einige der Sprecher auf atemberaubende Weise von Vergebung und Hoffnung redeten. Das überstieg mein Verständnis. Ich erkannte, wie viel ich noch über Erlösung lernen konnte.

Unsere Reise hatte uns durch Nichtwissen und Zeugnisablegen geführt. Am Ende des Wochenendes stand ein erster Schritt zum Handeln. Wir nahmen an einer *Gates of Sweet Nectar*-Zeremonie teil, bei der die hungrigen Geister der buddhistischen Schrift symbolisch mit Singsang und Gesang gefüttert werden. Es handelt sich dabei um die Seelen von plötzlich oder gewaltvoll verstorbenen Menschen oder von Menschen, die von ihren Nachfahren vergessen wurden. Sie haben winzige Münder und riesige Bäuche und sind darum ewig hungrig. Eine chinesische Tradition sieht vor, ihnen zur Erntezeit etwas zu essen und zu trinken hinzustellen. In unserem Online-Retreat bleibt es bei symbolischen Handlungen. Wir singen Krishna das Lied »Calling Out to Hungry Hearts« und laden die Seelen ein, sich zu versammeln und nicht nur das Essen mit uns zu teilen, sondern auch ihre Freude und ihr Leid, damit wir sie uns zu eigen machen können.

Für mich sind diese Geister echt und nicht echt zugleich, eine Projektion, der wir nur zu gerne eine feste Gestalt geben. Ich kann für die Menschen, die vor langer Zeit gelitten haben, nicht mehr tun, als ihnen meine komplett unpraktische Fürsorge anzubieten. Ich glaube offen gestanden nicht, dass ihnen das hilft, aber es ist eine Bestätigung unserer Verbundenheit. Es verfestigt die Absicht, in der Gegenwart Sorge zu tragen, das Versprechen, das ich mit allen anderen vor meiner Gemeinde gegeben habe. Ich bezeuge und ich werde bezeugt, und dazwischen liegt die Verpflichtung, es in Zukunft besser zu machen. Wie genau das gehen soll, bleibt unerträglich diffus. Das liegt ganz bei mir. Es ist der Anfang einer neuen Art des Handelns, die ein ganzes Leben andauern soll, die verändert und reagiert, die auf immer neuem Zuhören gründet, auf immer neuem Lernen, auf immer neuem Handeln. Es soll mich durchdringen wie Wasser die unterschiedlichen Erdschichten.

Aber mein Wochenende mit den Zen-Friedensstiftern löst eine weitere Veränderung in mir aus, die mein Leben viel mehr durchdringt als alles andere, was ich in den Stunden im Zoom-Retreat in mich aufgenommen habe: Ich lerne, meine Hände zusammenzuführen – zum Gebet, zur Begrüßung, zu einer respektvollen Verneigung und wenn ich bewusst nachdenke. Ich falte sie nicht, wie ich es einst in der Schule gelernt habe. Ich führe sie in einer gleitenden, agilen Bewegung zusammen, als würde ich mit meinem Körper einen Kreis schließen. Einen inneren und einen äußeren, es entsteht ein wichtiger Kontakt, ganz so, wie wenn meine Füße den Boden berühren. Es ermöglicht einen Fluss in mehrere Richtungen. Ich darf das, wird mir klar. Ich darf mit meinen beiden Händen machen, was ich will. Es liegt ganz bei mir, wie meine Geste aussieht, und ich vertraue darauf, dass sie von den Menschen, die meine Andacht teilen, verstanden wird.

*

Meine liebste Kindheitserinnerung – die ich ganz oft hervorkrame, nur um ein wenig in ihr zu schwelgen – ist die, wie ich mit meinem Großvater im Meer schwimme. Er stand knietief im flachen Wasser, schnappte mich mit seinen Riesenhänden und warf mich kopfüber in die Wellen. Ich ließ das Wasser mit all seiner Kraft über mich hinwegrollen, bis ich nicht mehr wusste, wo oben und wo unten war, dann fand ich wieder Boden unter den Füßen und rannte zu ihm zurück und wollte nochmal. Immer wieder spielten wir das durch, eine gefühlte, wunderbare Ewigkeit, wortlos, unerschöpflich.

Als ich ihn viele Jahre später darauf ansprach, erzählte er mir, dass er selbst immer Angst vorm Schwimmen gehabt hatte, aber unbedingt wollte, dass ich es lernte, damit meine unstillbare Sehnsucht nach Wasser genährt werden konnte. Er konnte sich erinnern, wie er dagestanden hatte, wie er zitterte, wie seine Arme schmerzten vor Anstrengung – und wie ich immer wieder kam und nochmal ins Wasser geworfen werden wollte, mich nochmal ganz ergeben wollte. Er wollte es mir nicht abschlagen, darum ließ er sich nie etwas anmerken. Und ich habe es ihm tatsächlich nicht angemerkt – ich kann mir nämlich bis heute nicht vorstellen, dass mein Großvater jemals vor irgendetwas Angst hatte. Er gab mir alles, was ich brauchte, damals wie heute: den schlichten Glauben an das Wasser, den Kitzel beim Voranpreschen ins Unbekannte, das Wissen, dass Zauber durch die Haut übertragen werden kann. Vor allem aber hat er mir gezeigt, was es bedeutet, mich in die Hände eines anderen zu begeben, ins kalte Wasser geworfen zu werden und zu wissen, dass ich wieder aufgefangen werde. Und genau das vermittelte mir auch die Gemeinschaft der Zen Peacemaker.

Das ist einer der vielen Gründe, weshalb ich so froh bin, wieder ins Wasser zu können: Mir fällt nichts anderes ein, das mich so sehr an meine eigenen Grenzen bringt und mich dennoch heil wieder entlässt, vorausgesetzt, ich bringe ihm den nötigen Respekt entgegen. Aber meinen Schwimmunterricht habe ich nicht wiederaufgenommen. Vielleicht, weil ich dort bereits genug gelernt hatte, um zurechtzukommen, und vielleicht auch, weil meine Ohren derzeit lieber über der Oberfläche bleiben. Vor allem aber bin ich mir während des einen Jahres an Land über ein paar Dinge klarer geworden. Das Schwimmbecken war mir zu eng. Zu unbewegt. Ich schwimme nicht, um Strecke zu machen. Ich schwimme, um mich in etwas hineinzubegeben, das mich verbindet – mit allem, mit überall, mit allen Zeiten.

Als wir seinerzeit in der Schule den Wasserkreislauf durchnahmen, schien mir das alles ganz klar zu sein: Verdampfung, Regen, Flüsse, Meere. Aber erst in letzter Zeit habe ich begriffen, was das auch bedeutet: dass Wasser immer bleibt, dass es unterschiedliche Aggregatzustände annimmt, bald brackig ist, bald wieder sauber, dass es den Boden durchdringt. Zwischen Wasser und unserem Körper besteht eine mühelose Kommunikation, denn beide sind ständig im Fluss.

Diese Beziehung ist es, die ich schon immer genauer erforschen wollte: diesen Raum, in dem wir uns alle befinden. Ich habe mir andere Möglichkeiten für meine Begegnungen mit dem Wasser gesucht, für die Zeiten, in denen ich zu labil bin, um mich einfach treiben zu lassen. Seit ich von dem Brunnenwasser getrunken habe, trinke ich nun das Wasser aus allen möglichen Bächen und Seen, an denen ich auf meinen Spaziergängen vorbeikomme oder in denen ich bade. Ich habe mir einen Outdoor-Wasserfilter gekauft, dessen Versprechen lautet, mich vor allem zu schützen, was mein empfindliches Verdauungssystem des 21. Jahrhunderts stören könnte – Bakterien, Viren, chemische Rückstände. Der Filter ist kleiner als die Wasserflasche, die ich sonst immer bei mir hatte, und viel leichter. Wenn ich jetzt auf einer meiner Wanderungen Durst habe, schöpfe ich einfach mit meinem neuen Becher Wasser aus einem Bach, stecke den Filter rein und lösche meinen Durst an Ort und Stelle. Ich stelle mir gerne vor, dass das Wasser überall ein bisschen anders schmeckt, aber ein echter Vergleich fällt schwer. Eins ist hingegen sicher: Es schmeckt völlig anders als das Wasser, das ich früher von zu Hause mitgenommen habe – gechlort und womöglich lauwarm, weil ich es den ganzen Tag mit mir herumgetragen habe. Wasser aus einem Bach ist köstlich. Es schmeckt nach Klarheit. Wenn ich es trinke, habe ich das Gefühl, die tiefen Felsschichten unter meinen Füßen genauso in mich aufzunehmen wie die Wolken über mir. Und auch jene längst vergangenen Zeiten, als ich im selben Meer steckte wie mein Großvater.

Es ist dasselbe Wasser, damals wie heute. Es ist dasselbe Meer, das sich über die gesamte Welt erstreckt. Es ist eine der vielen Arten, auf die wir alle miteinander verbunden sind.

FEUER

Die Nacht,
in der die Sterne fielen

In den frühen Morgenstunden des 13. November 1833 bot sich jenen, die wach waren, über den östlichen Bundesstaaten der USA ein außergewöhnlicher Anblick. Der *New York Evening Post* zufolge hatte es ausgesehen, als würde sich »vom gesamten Himmelszelt ein Feuerregen ergießen«. Es fielen so viele Sternschnuppen, dass »das gesamte Firmament sich mit ihnen zu bewegen schien, als würden die Planeten und Sternbilder verrutschen«.

Vor der Erfindung des elektrischen Lichts sahen die Menschen des Nachts häufig Meteore über den Himmel ziehen, doch das hier war anders. Der tintenschwarze Himmel war plötzlich voller Funken, Tausende auf einmal, und sie alle zeichneten silberne Fäden ans Firmament, die aussahen wie das Gestänge eines himmlischen Schirms. Niemand hatte das Himmelsgewölbe jemals in dieser Deutlichkeit gesehen: als hätte jemand einen Vorhang beiseitegezogen, um die Wahrheit zu enthüllen, die stets bekannt gewesen, aber nie wirklich verstanden worden war: dass die Erde eine Kugel ist, die durch die Unendlichkeit des Weltraums schwebt, und dass wir, ihre reisekranken Bewohner, in diesem großen planetarischen Drama nichts weiter sind als Zuschauer.

Augenzeugen berichteten von einem wahren Licht-Bombardement, das so intensiv und greifbar war, dass sie glaubten, sämtliche Häuser würden in Flammen aufgehen. Es sah aus, als würden die Sterne nicht in irgendeinem dunklen, abstrakten Raum fallen, sondern direkt über den Köpfen der Zuschauer dieses Spektakels, die sich darum duckten und beteten. Die größten Funken zuckten wie Blitze und waren so groß und hell wie die Venus. Angeblich sogar noch größer, manche behaupteten, sie hätten den Mond verdeckt. In einigen Berichten hieß es, es habe geprasselt und gezischt, in anderen wiederum war von stillen Explosionen die Rede. Viele fanden, die Sterne hätten spektralfarben geleuchtet. Und obwohl so viele Menschen diese Meteore so enorm aufmerksam beobachtet hatten, wurde man sich nicht einig über ihre genaue Gestalt.

Gegen fünf Uhr morgens verblassten die Sterne langsam, und bei Sonnenaufgang verschwanden sie völlig. »Frühaufsteher geben praktisch jeden Tag mit irgendetwas vor Langschläfern an«, schrieb der *Philadelphia Chronicle*. »Aber nie haben sie so triumphiert wie heute.«

Es dauerte nicht lange, da überschlugen sich die Reporter damit, Erklärungen für die Ereignisse jener kalten, klaren Nacht zu finden. Von Neuschottland bis Florida rangen Amateur-Astronomen und Zeitungskorrespondenten um Worte für das, was sie gesehen hatten, manche wurden poetisch, andere hielten sich an wissenschaftlich akkurate Beschreibungen. Der *Baltimore Patriot* nannte den Moment »eines der großartigsten und beunruhigendsten Schauspiele, die sich je vor Menschenaugen abgespielt haben«, und meinte so viele Sterne gesehen zu haben »wie sonst Flocken in einem Schneesturm«. Den Chefredakteur des *Commercial Advertise* in Kingston, Jamaica, erinnerte der Sternenregen an einen »Schwarm von sich tummelnden und präzise choreografiert aus dem Meer auftauchenden Delphinen«. Niemand konnte recht beziffern, wie viele Funken in diesen Stunden zu sehen waren, aber eine recht plausible Schätzung stammte von dem Physiker Joseph Henry, der davon ausging, dass pro Sekunde etwa zwanzig Lichtpunkte am Himmel erschienen, pro Stunde also 72 000. Andere meinen, es seien noch mehr gewesen.

Am nächsten Tag stellte die *New York Evening Post* ziemlich herablassend fest, dass das »atmosphärische Phänomen ... die vagen Vorstellungen eher schlichter Gemüter angeregt« habe, und merkte an, dass »am nächsten Morgen auf dem Land ungewöhnlich wenige Menschen auf dem Markt anzutreffen« waren. Andere fanden die Vorstellungen alles andere als vage. *The Old Countryman*, eine grundsätzlich eher humorvolle, in nicht unbeträchtlicher Auflage in North Carolina erscheinende Wochenzeitung, veröffentlichte einen heftig geifernden Leitartikel: »Wir erklären den Feuerregen, den wir letzten Mittwochmorgen sahen, zu einer schrecklichen Type – einem sicheren Vorboten – einem gnädigen ZEICHEN des großen, furchtbaren Tages, dessen Zeugen die Erdbewohner werden, wenn das SECHSTE SIEGEL GEÖFFNET WIRD! Viele irdische Ereignisse der letzten Zeit überzeugen uns immer mehr davon, dass ›DIE LETZTEN TAGE‹ angebrochen sind.«

Die Wissenschaft ließ derartige Prophezeiungen außer Acht und hatte noch zu ergründen, wie es zu einem derartigen Himmelsschauspiel kommen konnte. Die Astronomen wussten, dass es sich bei Meteoren nicht um vom Himmel fallende Sterne handelte, aber was genau sie waren, mussten sie noch erforschen. Die »Himmelserscheinungen« (so die ursprüngliche Bedeutung des aus dem Altgriechischen stammenden Wortes »Meteor«) mussten in der wissenschaftlichen Vorstellung erst noch feste Gestalt annehmen. Seinerzeit glaubte man nicht, dass es sich um starre, durch den Raum fallende Materie handelte, sondern man hielt die Erscheinungen eher für reine Lichtphänomene wie Blitze oder Nordlichter.

Es sollte noch Jahrzehnte dauern, bis Astronomen verstanden, was es mit dem alljährlich im November zu beobachtenden Leoniden-Meteorstrom auf sich hat, der darüber hinaus alle dreiunddreißig Jahre besonders spektakulär ausfällt. Und ganz gleich, ob dieser Sternenregen den Menschen schlagartig klarmachte, wie groß das Universum eigentlich war, ob es den Ruf nach strikt wissenschaftlichen Methoden verstärkte oder ob es neuen Respekt vor dem Zorn und der Macht Gottes einflößte: Es ging ein Zauber von ihm aus, er legte sich wie Regen auf erwartungsvolle Dächer, zog Aufmerksamkeit auf sich und regte die Menschen dazu an, nachzudenken über den größeren Zusammenhang aller Dinge und die merkwürdigen Machenschaften des Universums.

*

Nostalgie war für mich lange Zeit etwas, dem sich nur die anderen hingaben – bis sie mich eines Abends mit voller Wucht erwischte.

H und ich fuhren nach Gravesend, um uns die Premiere des Theaterstücks einer Freundin anzusehen. Gravesend ist die Kleinstadt meiner Kindheit: Wir überquerten den Echo Square, wo meine Mutter damals in einer Bäckerei gearbeitet hatte, wir passierten den Woodlands Park, wo ich früher häufig gespielt hatte, und erreichten die High Street mit ihren holzverkleideten Geschäften und der großen, an einen griechischen Tempel erinnernden Markthalle. Damals war mir alles so groß vorgekommen und so unabdingbar für den weiteren Lauf der Welt, aber natürlich war all das schon immer klein gewesen. So klein, wie alles überall ist. An jenem Theaterabend verströmten all diese Dinge auf einmal eine enorme Nostalgie, als steckten in ihnen Reste einer gewissen Magie, eines Zaubers, wie Hierophanie. Ich ging runter zur Themse und sah ihr dabei zu, wie sie breit und schwarz vorbeifloss. Ein Stück flussaufwärts am gegenüberliegenden Ufer leuchteten auf den Industrieschornsteinen rote Lichter.

In der Pause erzählte ich einem Bekannten, dass ich früher in Gravesend gewohnt hatte. »Hier komme ich her«, sagte ich. Eigentlich keine große Sache, aber es war mir irgendwie wichtig, das auszusprechen und damit zu zeigen, dass der Ort liebenswert war.

»Hast du noch Verwandtschaft hier?«, fragte er.

Ich musste einen Augenblick nachdenken, ging im Geiste alle Leute durch, die mit mir verwandt sein könnten. Manche waren tot, andere weggezogen. »Nein«, sagte ich und war selbst etwas überrascht. »Nein, ich glaube nicht.«

Mir war gar nicht aufgefallen, wann die letzte Verbindung zu diesem Ort meiner Kindheit gekappt worden war. Ist es das, was Nostalgie ausmacht? Die Sehnsucht nach einem Ort, an dem man nicht mehr sein möchte, der aber dennoch irgendwie perfekt erscheint? Oder zumindest so, als könne er perfekt gemacht werden? Ein Ort, den man in all dem Glanz, den man noch in ihm sieht, wieder erstrahlen lassen könnte, wenn er einen nur ließe. Wenn es nach mir ginge, würde ich das alte Kaufhaus Army & Navy wiedereröffnen, mitsamt dem Parfümgeruch im Eingangsbereich und dem gesprenkelten Resopalboden in der Damentoilette sowie vor allem – vor allem! – mit den Betonfrisuren der Frauen, mit ihren Kopftüchern und den von Gürteln zusammengehaltenen Regenmänteln. Ich würde das alte Kino wiederbeleben, inklusive Zigarettenmief, *Ghostbusters* und *E.T.*, und ich würde insbesondere den Geruch nach verbrannter Milch wieder einführen, der in dem Café herrschte, wo meine Mutter samstagvormittags arbeitete, und die Kunstleder-Speisekarten und wie Mum ihren Block aus der Schürzentasche zog, um meinen *Crusha Lime*-Milkshake zu notieren, genau, wie sie es bei allen anderen Gästen auch tat.

Auf dem Weg nach Hause bat ich H, über einen Umweg zur Autobahn zu fahren, der uns am ehemaligen Haus meiner Großeltern vorbeiführte. Im Handumdrehen sind wir da, der Rasen reicht bis zur immer noch weiß gestrichenen Bogentür. Ich frage mich, ob die neuen Eigentümer die Stufe davor genauso gründlich putzen, wie meine Großmutter es damals getan hat. Auf einmal fällt mir wieder ein, wie wir mal auf dieser Stufe standen und sahen, wie ein Stück die Straße runter ein Haus brannte. Sämtliche Nachbarn waren draußen, reckten sich, um besser sehen zu können, und riefen einander über die Hecken hinweg die wenigen Informationen zu, die sie bislang hatten: Es war wohl die alte Schmiede, meinten sie, aber vor lauter Löschfahrzeugen konnten sie fast nichts sehen. Alle waren da, schauten, spekulierten, staunten, wie hoch die Flammen schlugen, wie plötzlich und verheerend so etwas passieren konnte. Die Bewohner waren in Sicherheit. Einzig das Gebäude brannte, eines der ältesten der Stadt, Holzfachwerk, warmer Sommerabend. In einer Stadt, in der sonst nicht viel los war, war das ein Spektakel, das sich niemand entgehen lassen wollte, ein Spektakel, das uns alle hinaus in die Dunkelheit lockte.

Wieder zu Hause, mache ich mich im Internet auf die Suche

nach einem Bericht über das Feuer damals, nach irgendeinem Anhaltspunkt dafür, wann jenes Haus brannte – und wann ich also barfuß im Nachthemd vor dem Haus meiner Großeltern stand. Aber ich finde nichts, auf den vielen Seiten mit Informationen über die Kleinstadt im Nordwesten Kents finde ich keinen einzigen Hinweis auf das Feuer. Ich kann niemand von den anderen, die damals dabei waren, fragen, es sieht ganz so aus, als sei ich die Letzte, die noch übrig ist und jenes unheimliche Gefühl bewahrt, dass uns, uns als Kollektiv, damals etwas von nachhaltiger Bedeutung passiert ist. Ich muss an das Gedicht »Begegnung« von Czesław Miłosz denken, in dem ein einfacher Moment vor langer Zeit beschrieben wird, als mehrere Personen in einem Wagen über Land fuhren und eine von ihnen auf einen vorbeilaufenden Hasen zeigte. »Du meine Liebe«, schreibt er, »wo sind sie, wohin verrinnen / Die Blitze der Hand, die Linien des Laufs, das Rascheln der Scholle – / Ich frage danach nicht in Trauer, nur im Besinnen.«

*

In den Sommermonaten verbringe ich viel Zeit damit, Motten zu jagen. Wo immer eine Birne brennt und ein Fenster offen steht, bin ich zur Stelle und umschließe mit beiden Händen ein flatterndes Etwas, das wild entschlossen ist, sich in das Licht zu stürzen. H und Bert haben Angst vor ihnen – sie sind ihnen zu schnell, zu entschlossen. Ich glaube nicht, dass sie es auf uns abgesehen haben, ich glaube, sie können uns gar nicht sehen, weil wir so riesig sind im Verhältnis zu ihnen. Ich will sie nicht mit einer Zeitung erschlagen, darum klettere ich über den Küchentisch und balanciere auf Stuhllehnen, um an sie heranzukommen, und dann entlasse ich sie in die nächtliche

Freiheit. Eine undankbare Aufgabe, denn schon bald sind sie zurück und dotzen gegen das Glas, das sie total verwirren muss, weil es eine unsichtbare Barriere ist zwischen Sehnsucht und Möglichkeit.

Wir haben mehr mit Motten gemeinsam, als uns bewusst ist: Auch wir sind klein und frustriert und können die Welt, der wir es gerne so richtig zeigen wollen, höchstens ein klein wenig kitzeln. Auch wir fühlen uns stets vom strahlendsten Objekt in unserer Umgebung angezogen und hegen eine Faszination für Kerzen und Feuer. Wir spüren die Gefahr, können aber nicht wegsehen. Wir umkreisen sie, immer und immer wieder, und kommen ihr dabei immer näher, bis sie uns verzehrt. Selbst wenn wir glauben, der Himmel würde uns auf den Kopf fallen, bleiben wir draußen und sehen weiter zu. Diese Wachsamkeit, diese panische, flatterhafte Aufmerksamkeit, ist integraler Bestandteil unseres Wesens.

Feuer ist die Schattenseite des Zaubers, die dunkle, schimmernde Magie, von der wir unseren Blick nicht losreißen können. Es zeigt uns die wilde Gefahr, die in der Natur noch immer lauert, die Kraft, die es birgt und mit der es verschlingen und zerstören kann. Feuer ist raubauzig, ansteckend, kann von Haus zu Haus springen, während wir hilflos dabei zusehen. Es leckt an unseren Handflächen wie eine zwischen unseren Händen gefangene Motte.

Die Gewalt, zu der die Natur in der Lage ist, begreift man erst, wenn man ein echtes Feuer miterlebt hat.

Viel zu oft versuchen wir uns weiszumachen, wir könnten ohne jedes Leiden durchs Leben kommen. Uns wird eingeredet, beständige Zufriedenheit sei das Maß aller Dinge. Dabei ist sie das Gegenteil von Zauber, nämlich Ernüchterung. Feuer stellt unseren Kontakt mit dem Kreislauf des Lebens wieder her, mit den Grenzen des Kontrollierbaren und mit dem gesamten Spektrum menschlicher Gefühle. Es erteilt uns schmerzhafte Lektionen und verbrennt unsere fragilen Illusionen. Ohne Feuer durchleben wir eine oberflächliche Existenz auf flachgründigem Boden. Wir müssen uns dem Feuer anpassen, um zu heilen.

Aus der Asche

Das Chaos des Lockdowns liegt hinter uns, das Gefühl einer existenziellen Bedrohung hat nachgelassen, aber ich kann immer noch nicht wieder lesen. Lesen ist mein Ein und Alles, das Fundament, auf dem ich ruhe, aber zurzeit geht es einfach nicht. Ich empfinde das als ein schmutziges Geheimnis und behalte es lieber für mich – was für eine Autorin ein unschöner Akt von Unaufrichtigkeit ist. Ich will nicht lesen. Ich kann nicht lesen. Ich kann meine Aufmerksamkeit nicht auf eine Seite voller Text richten und Wörter in mich aufnehmen. Ich kann kein ganzes Kapitel lesen, ohne dass mein Geist sich empfiehlt und klammheimlich ins Allerheiligste zurückzieht, zu dem ich keinen Zugang habe. Ich kann nicht stillsitzen. Ich kann mich nicht konzentrieren. Das ist doch bestimmt irgendein Leiden, für das es ein Heilmittel gibt?

Diese beunruhigende Ausfallerscheinung tritt in erster Linie bei erzählender Literatur auf. Kurze Sachtexte sind kein Problem, hier und da mal ein Artikel. Aber Romane: keine Chance. Damit kann ich einfach nichts anfangen. Ich interessiere mich nicht die Bohne für Geschichten, die sich nicht wirklich zugetragen haben, und auch nicht für das Innenleben von Leuten, die es gar nicht gibt. Mich übermannt eine gewisse Apathie. Ich weiß, dass der Fehler bei mir liegt, nicht bei den Büchern. Aber dieses Abwenden, dieser Zynismus ist da, greifbar. Ich komme nicht daran vorbei.

Ich versuche zu verheimlichen, dass ich so wenig lese, ich versuche diese dunkle Seite an mir vor meinen Mitmenschen zu verbergen. Mich verwirrt dieser Zustand, mir ist, als würde mir alles Vertraute entgleiten. Es ist nicht so, dass ich das Lesen durch etwas anderes ersetzt hätte. Ich richte meine Aufmerksamkeit jetzt nicht stattdessen auf Netflix. Ich lese nur einfach nicht. Dort, wo mein Geist sonst zur Ruhe kam, klafft eine riesige Lücke.

Mir ist aufgefallen, dass es auch anderen Menschen so geht. Ich habe sie – gewieft, wie ich bin – immer mal wieder gefragt, welche Bücher sie mir empfehlen würden, um meine Leidenschaft neu zu entfachen, und niemandem fällt etwas ein. Meine Literaturfreunde – andere Vollblutleser, meine Seelenverwandten, die normalerweise ständig von irgendeinem Buch total begeistert sind – passen. »Was hast du in letzter Zeit gelesen, das dir gut gefallen hat?«, frage ich. Sie zucken mit den Schultern. Sie sagen, das-und-das war ganz okay, aber so richtig toll fanden sie es nicht. Sie erwidern die Frage, wollen wissen, was ich empfehlen kann. Nichts.

Dieser Austausch von null Information scheint sich immer häufiger zu wiederholen. Dahinter steckt eine existenzielle Erschöpfung, die Krankheit, die Angst, die Lockdowns, die psychische Überforderung. Wir sind schon so lange mit leerem Tank unterwegs, dass uns das Verlangen danach, aufzutanken, abhandengekommen ist. Wir verfolgen jetzt schon so lange mit ängstlicher Spannung die Nachrichten, dass wir inzwischen ständig und immer alles völlig ziellos überprüfen. Und das hat auf unser Leseverhalten abgefärbt. Wir suchen nicht mehr, wir sehen uns nur noch um. Als könnte, wenn wir uns nicht mehr umsehen, irgendetwas Schreckliches passieren. Uns umsehen ist unser magisches Denken. Früher hat es sich wie ein Schutz angefühlt, aber jetzt ist es dunkel. Jetzt glauben wir, wenn wir nicht nachsehen, wenn wir uns nicht ständig über die Schulter schauen, dann könnten wir eine Katastrophe auslösen. Das Letzte, was den Himmel über uns stützt, ist unsere ewige Wachsamkeit.

*

Wenn ich daran zurückdenke, wie ich Lesen gelernt habe, dann denke ich nicht an klebrige Kindheitstage und meine auf große Buchstaben deutenden Finger. Nein, ich denke an meine erste Woche an der Uni, als ich für ein Gespräch mit meiner Studienbetreuerin ans andere Ende der Stadt radelte, und zwar auf meinem nagelneuen Fahrrad, einem Geburtstagsgeschenk, das feierlich den Beginn meines neuen Lebensabschnitts markierte. Ich wischte mir den Schweiß von der Stirn – viel mehr das Ergebnis meines panischen Navigierens durch mir unbekannte Straßen als das körperlicher Anstrengung – und führte zum ersten Mal ein mir ebenfalls noch unbekanntes Ritual aus: Bügelschloss, Schlüssel, Plastiktüte über den Sattel, für den Fall, dass es regnet. Dann sprach ich stammelnd den Pförtner an, der mich durch zwei Innenhöfe zu einem im Erdgeschoss gelegenen Büro schickte.

Was ich dort vorfand, überraschte mich. Zunächst einmal hatte ich keinen so schönen Raum erwartet, mit doppelflügeligen Glastüren, die auf eine sonnige, mit Glyzinien umrankte Terrasse führten. Die Frau, die mir die Tür öffnete, war freundlich und hilfsbereit und wirkte gleichzeitig unfassbar clever. So etwas war mir noch nie begegnet. Im Verlauf unseres Gesprächs steigerte sich meine Faszination, denn die Frau verströmte eine solch gelassene Ernsthaftigkeit und selbstverständliche Intellektualität, dass sie in meinen Augen auf einer Stufe mit einem seltenen exotischen Vogel stand. Ich hatte nicht gewusst, dass man sich wünschen könnte, genauso zu sein wie sie.

Aber vor allem konnte ich nicht glauben, wie viele Bücher in diesem Raum waren. Wir befanden uns, soweit ich wusste, nicht in einer Bibliothek, aber mir ging durch den Kopf, dass die Bücher vielleicht von dort ausgeliehen waren. Vielleicht hatte das College so viele Bücher, dass es sie in den Büros auf dem gesamten Campus verteilte, was die Dozenten doch sicher enorm freute. Aber nein. Das ergab keinen Sinn. Ich konnte jetzt schon sehen, dass die Bände alle etwas mit den Forschungsschwerpunkten meiner Studienbetreuerin zu tun hatten: Sozialpolitik, Wirtschaftswissenschaft, Feminismus. Ich konnte nicht anders, ich musste fragen.

»Sind das alles Ihre?«

Sie richtete einen ruhigen, milden Blick auf ihre Bücher. »Ja«, sagte sie. »Das sind alles meine.«

»Haben Sie die alle gelesen?«

»Natürlich«, sagte sie. »Welchen Sinn hätte es, Bücher zu besitzen, die ich nicht gelesen habe?«

Eine ganze Galaxie des Wissens, hier, in ihren Regalen. Aber nicht nur da. Auch in der College-Bibliothek, in der Seminar-Bibliothek und in der riesigen Universitäts-Bibliothek, deren Aufgabe es ist, von jedem einzelnen erschienenen Buch ein Exemplar vorzuhalten. Ich war natürlich nicht zum ersten Mal in einer Bibliothek, aber so etwas hatte ich noch nie gesehen. Alles, einfach alles war dort und wartete nur auf mich. Ich wollte alles in mich aufsaugen. Und eines Tages wollte ich Regale haben wie meine Studienbetreuerin.

Aber irgendwie wollte es mir nicht glücken. Meine Lesefertigkeit – das bloße Identifizieren von Buchstaben und Wörtern – reichte nicht aus. Ich musste erkennen, dass ich bis dahin ziemlich oberflächlich gelesen hatte – ich hatte Taschenbuchausgaben von Literatur inhaliert und Lehrbücher auswendig gelernt, um am Ende des Schuljahres die Prüfungsfragen beantworten zu können. Das hier war eine völlig andere Art des Lesens: Sie verlangte nach Disziplin, denn die Texte waren komplex und unergründlich. Hier galt es, bestimmte Bücher zunächst in langen Katalogkästen zu suchen, sie im Regal zu finden – und sie dann irgendwie zu lesen und zu verstehen. Und genau darin lag die Herausforderung, denn alle Bücher waren auf ihre Weise undurchdringlich, ihre Inhalte so dicht, dass sie sich anfühlten wie schwarze Löcher der Intellektualität, wie dickster Informationssirup. Mit jedem Absatz, mit jedem Satz wurden meine Wissenslücken offenbar. Ich schaffte es kaum, sie zu knacken.

Ich setzte mich in eine der Bibliotheken, schlug das Buch an der richtigen Seite auf und erlebte dann, wie die Wörter meine Augen an sich abperlen ließen. Ich war der Regen, und sie waren wasserfest. Wer war ich, dass ich sie aufschlug, ich, dieses Mädchen, das bis vor Kurzem nicht einmal wusste, dass derartiges Wissen überhaupt existierte, dem nie in den Sinn gekommen war, vielleicht gar nicht in der Lage zu sein, das alles in sich aufzunehmen? Ich kam mir so dumm vor und beging prompt eine weitere Dummheit: Ich blieb den Vorlesungen fern. Ich ignorierte weitere Literaturlisten. Solange ich insgesamt den Ball flach hielt, war es kein Problem, Hausarbeiten und Betreuungsgesprächen aus dem Weg zu gehen. Ich bekam Heimweh. Ich war überzeugt, am falschen Ort zu sein. Ich dachte, ich könnte mich unauffällig davonschleichen und dass es niemandem weiter auffallen würde.

Aber irgendwann fehlten dann wohl irgendwo irgendwelche Noten. Ich war nicht so unsichtbar, wie ich gehofft hatte. Als mich das alles einholte, erwachte mein übliches Pflichtbewusstsein wieder zum Leben. Ich konnte keine Gleichgültigkeit vorgeben, weil ich alles andere als gleichgültig war: In Wirklichkeit tat ich deshalb nichts für das Studium, weil ich überzeugt war, dass alles, was ich ablieferte, mich in meiner Unzulänglichkeit entlarven würde – und das könnte ich nicht ertragen.

Schon bald also landete ich wieder in dem Büro voller Bücher, dieses Mal reichlich bedröppelt. Meine Studienbetreuerin drehte sich mit ihrem Stuhl zu mir um und zerknautschte dabei den Stapel unkorrigierter Hausarbeiten zu ihren Füßen.

»Und?«, sagte sie. »Wie läuft es so?«

Eine heikle Frage, die ich nicht beantworten wollte, und darum spuckte ich einfach das aus, was mich derzeit am meisten beschäftigte: »Überall, wo ich diese Woche war, hat es gebrannt.«

Das stimmte – zumindest gefühlt. Samstagnachmittag war ich mit einer Freundin einkaufen gewesen, und später sah ich in den Nachrichten, dass in einem der Geschäfte ein Feuer ausgebrochen war. Am nächsten Tag, als wir nach einem Mittagessen auf dem Land wieder nach Hause fuhren, sah ich über einem der Felder eine Rauchsäule aufsteigen, und später hörte ich, es habe sich um einen Akt von Vandalismus gehandelt, der für mehrere Stunden den Verkehr lahmlegte. Na ja, und jetzt war ich hier und hatte fast alles verbrannt, was ich mir so mühsam erarbeitet hatte. Das war es doch wohl wert, erwähnt zu werden.

Ich war es gewöhnt, für abrupte Themenwechsel oder schnippische Kommentare zurechtgewiesen zu werden, doch diese Dozentin verhielt sich völlig anders. Sie dachte kurz nach, dann sagte sie: »Sie sollten dem besondere Beachtung schenken, wenn so etwas passiert. Es könnte sein, dass es etwas zu bedeuten hat.«

Und das hatte es, damals wie heute. Ich sehe mich jetzt nicht mehr als das destruktiv veranlagte Mädchen, das eine Spur verbrannter Erde hinterlässt, aber ich weiß, dass alles Flackern, Lodern und Ausbrennen mir sehr vertraut ist. Und ich befinde mich jetzt wieder im Kreislauf des Brennstoffs, der Feuersbrunst, der versengten Erde. Der damit einhergehende Verlust – der totale Zusammenbruch des Selbst – ist immer qualvoll, und doch hat er etwas an sich, das ich insgeheim sehr mag. Denn auf nacktem Boden sprießt neues Leben. Wer nichts zu verlieren haben will, muss zunächst alles verlieren.

Als ich meine enge Beziehung zum Feuer erst begriffen hatte, konnte ich noch mal ganz von vorne anfangen. Mein Zeigefinger folgte wieder den Zeilen, um meinem Blick zu helfen. Und wieder summte ich leise Silben, wie damals als Kind, manchmal flüsterte ich sie sogar. Ich musste jeden Absatz mehrmals lesen, um ihn zu verstehen. Das war hart. Ich war im Stoff hinter den anderen zurückgefallen und musste mich nun sehr anstrengen, um den Anschluss wiederzufinden. Damals, als junge Erwachsene, konnte ich noch nicht einfach nichts wissen. Ich konnte nur so tun, als wüsste ich alles. Es war eine solche Erleichterung, mir einzugestehen, dass ich fehlbar war. Diese demütige Erkenntnis war wie Wasser, das über Feuer gegossen wird. Ich fing noch mal ganz von vorne an, und das machte erstaunlichen Spaß.

Vielleicht sollte ich mich gar nicht fürchten vor dem Burnout, den ich gerade erlebe. Er ist ein Zeichen dafür, dass ich bereit bin für etwas Neues. Wie hatte ich es zulassen können, dass diese große Freude in meinem Leben – mich in aller Ruhe mit einem Buch hinzusetzen und seine Wörter in mich aufzusaugen – zu etwas so Schwerem wurde, so überfrachtet mit Pflichtgefühl? Irgendwann ist mir das Spielerische abhandengekommen, das mich doch ursprünglich überhaupt zum Lesen hingezogen hatte. Kein Wunder, dass das Lesen streikt.

Ich habe mir immer vorgestellt, dass mein zukünftiges Ich genauso viele Bücher haben würde wie meine Dozentin, dass ich sie alle gelesen und verstanden haben würde: der Beweis dafür, dass ich etwas geschafft hatte und aus mir etwas geworden war. Erst jetzt begreife ich: Das war es nicht, was die Dozentin mir zeigte. Sie stand nicht für statisches Wissen, sie stand für lebendiges Wissen, für lebenslanges Lernen. Ich will nicht wie eine Bruthenne auf dem sitzen, was ich in der Vergangenheit erreicht habe, ich will weiter tief eintauchen in die Unsicherheit des Erschaffens, ich will die unbekannte Welt vor mir ausgebreitet sehen und sie kennenlernen.

Und so fange ich wieder von vorn an, nicht zum ersten Mal. Ich habe gelernt, dankbar zu sein für diese Verluste, ganz gleich, wie schmerzhaft und verwirrend sie sein mögen. Sie machen mich wieder klein. Die nächste Welt ist so reizvoll, sie liegt in einer Million ungelesener Seiten, und ich bin in ihr … gar nichts, niemand, neu.

Deep Play

Ich bin sechs Jahre alt, und alle haben einen Videorekorder und gucken ständig aus dem Fernsehen aufgenommene Filme. Alle außer mir, weil ich bei meinen Großeltern wohne, und die haben immer noch keinen eigenen Fernseher, sondern mieten einen. Und zwar einen, der wie ein Schrank aussieht, mit einer hölzernen Schiebetür vor der Mattscheibe, sodass man hin und wieder auch so tun kann, als habe man gar keinen Fernseher. Von einem Videorekorder ganz zu schweigen.

Die anderen Kinder in der Schule zitieren ständig aus ihren Lieblings-Disneyfilmen und können sämtliche Lieder aus *Die Wasserkinder* auswendig. Ich kann das nicht, und darum singe ich nicht mit. Ich habe dafür aber zwei Ausgaben vom *Story Teller*, einer Kinderzeitschrift mit Märchen, die einem auf der beiliegenden Kassette vorgelesen werden. Die Hefte sind toll illustriert, und die Vorleser sind irgendwelche Berühmtheiten, mit denen ich nichts anfangen kann. Aber das ändert nichts daran, dass ich meine beiden Hefte und Kassetten heiß und innig liebe. Ich bin überzeugt, alle anderen Kinder haben die komplette Reihe und dazu die Sammelordner und den Plastikkoffer für die Kassetten, aber für derlei Maßlosigkeit hat meine Familie kein Geld. Zwei Hefte sind wahrscheinlich ohnehin völlig ausreichend, denn letztendlich hat es mir ohnehin nur eine Geschichte nachhaltig angetan.

Und zwar die erste in Heft 26, sehr praktisch, so muss ich immer nur einfach ganz zurückspulen und muss nicht lange suchen. Am Anfang jeder Aufnahme ertönt ein ziemlich nerviger Jingle, dann sagt eine klare und deutliche Stimme den Titel der Geschichte an: »Der Junge, der Katzen malte«. Dann erklingt ein Gong. Eine Flöte spielt eine Fünftonleiter. Und immer wenn man umblättern muss, macht es »ping«. Erzählt wird die Geschichte eines Bauernjungen, der körperlich zu schwach ist für die harte Arbeit. Darum bringt sein Vater ihn zum nächstgelegenen Tempel, auf dass er Mönch werde. Der Junge ist schlau und wissbegierig, hat aber eine Marotte: Ständig und überall malt er Katzen. Nachdem er sämtliche Wände im Tempel mit Katzendarstellungen versehen hat, wird er des Klosters verwiesen, und der Abt gibt ihm folgenden Rat mit auf den Weg: »Meide große Räume in der Nacht – halte dich an kleine.«

Es handelt sich bei der Geschichte um ein japanisches Märchen, das vermutlich im 15. Jahrhundert von Sesshū Tōyō geschrieben wurde. Es wurde von Lafcadio Hearn in den Westen gebracht, einem Amerikaner, der nach seiner Emigration nach Japan und seiner Heirat dort zu einem angesehenen Sammler japanischer Folklore avancierte. Hearns Sammlung japanischer Märchen (*Japanese Fairy Tales*) wurde 1898 veröffentlicht, in ihr enthalten war die Geschichte »Der Junge, der Katzen malte«. Sie hält sich wohl nicht besonders treu an das Original und enthält viel mehr Phantasmagorisches. Trotzdem ist es eine tolle Geschichte, insbesondere für ein stilles und seltsames Kind, das selbst ständig irgendwelche Marotten entwickelt, mit denen es die Erwachsenen zur Weißglut treibt.

Der Junge in der Geschichte verlässt also das Kloster, gelangt zu einem entlegenen, von Laternen erleuchteten Tempel und hofft, Teil der dortigen Gemeinschaft zu werden, und wenn es nur als Putzhilfe ist – nicht ahnend, dass die Laternen bei den Einheimischen die Teufelslichter genannt werden, weil sie arglose Reisende in den Tod locken. Der Tempel ist seit langer Zeit verlassen, in ihm haust lediglich eine diabolische Riesenratte, die bereits viele sich ihr kühn entgegenstellende Krieger getötet hat.

Der Tempel ist leer, als der Junge ihn betritt, und er kann nicht anders, als seiner Marotte nachzugeben: Er holt Tinte und Pinsel hervor und malt auf sämtliche Wände Katzen. Dann legt er sich erschöpft hin, doch kurz bevor er einschläft, klingen ihm wieder die letzten Worte des Abtes in den Ohren. Er rafft sich auf, schleppt sich in einen Wandschrank, schließt die Tür und schläft ein. In der Nacht wacht er von Kratzgeräuschen auf, von Zischen und Kreischen, und die Wände des Tempels erbeben von dem Wüten, das sich vor der Schranktür abspielt. Irgendwann wird es wieder still, aber der Junge hat erst im Morgengrauen den Mut, seinen Schrank zu verlassen. Davor liegt eine riesige Ratte in ihrem eigenen Blut. Und die Katzen an den Wänden haben sich verändert. Die lockeren Pinselstriche sind dieselben geblieben, aber die Katzenmäuler sind blutverschmiert.

In der traditionellen japanischen Version dieser Geschichte wird der Junge später selbst Abt. In Lafcadio Hearns Version wird er Kunstmaler. Unterschiedliches Streben in unterschiedlichen Zeiten. So oder so muss der Junge, um den Status zu erlangen, den er verdient hat, Demut zeigen und sich in dem kleinen Schrank statt im prächtigen Tempel schlafen legen. Das ungehorsame Kind gehorcht seinem Meister und rettet sich damit das Leben. Aber ich glaube nicht, dass das in dieser Geschichte der einzige Akt von Demut ist. So, wie ich das sehe, unterwirft sich der Junge vor allem seinen Katzen. Sein Verlangen, sie zu malen, ist elementar, eine Naturgewalt, die er nicht ignorieren sollte. Seine Kunst dringt aus ihm hervor wie Quellwasser, sie kümmert sich nicht um Verbote oder um Menschen, denen die Tadellosigkeit von Gebäuden über alles geht. In der Geschichte scheint er kaum mehr zu sein als ein Medium, er malt Katzen, weil es schlicht das ist, was er tut. Er ist der Pinsel. Er ist die Tinte. Die Katzen erschaffen sich selbst. Und als es darauf ankommt, retten sie ihn.

»Der Junge, der Katzen malte« erzählt von einer ganz bestimmten Art von Feuer: dem Feuer, das in uns brennt, das uns antreibt und das viel zu oft ignoriert wird. Auch dieses Feuer hat seinen Zauber.

*

Mit dem Hund fahre ich jetzt öfter ein kurzes Stück ins Landesinnere zum Holly Hill, um dort spazieren zu gehen. Der Anstieg auf den Hügel lässt mich mehr zur Ruhe kommen als alles andere. Von oben hat man einen tollen Blick über den Ästuar, und ich liebe die vielen Pilze, die hier überall im Wald zu finden sind, die jeden Baum umschuppen und sich sachte unter dem abgefallenen Laub erheben. Hin und wieder finde ich blaugrünlich gefärbtes Holz, das von der Existenz Kleinsporiger Grünspanbecherlinge zeugt. Es gibt hier überall etwas zu sehen, das meine flatterhafte Aufmerksamkeit auf sich ziehen kann.

In letzter Zeit habe ich aber nach etwas anderem Ausschau gehalten. Ein paar Freunde erzählten mir, ganz oben auf dem Hügel gäbe es eine kleine Ruine, und tatsächlich ist sie sogar auf meiner Karte verzeichnet, und zwar als Turm. Das sollte doch nicht weiter schwer sein: auf einer Hügelkuppe eine

Turmruine zu finden. Und doch will es mir nicht gelingen. Ich war jetzt schon mehrmals da. Beim ersten Mal hatte ich Bert dabei und wir gingen bestimmt ein Dutzend Mal um den Hügel herum, wobei wir sogar aus Versehen ein Privatgrundstück betraten. Dann war ich mal alleine da und bin jedem allerkleinsten Pfad gefolgt, kreuz und quer durch den Wald. Nichts. Ich habe mir die Wegbeschreibung von jemandem ausgedruckt, der sich sehr gut auskennt, aber auch die führt mich nicht zum Ziel. Ich habe das Gefühl, die Ruine versteckt sich vor mir und zeigt sich nur ganz bestimmten anderen Leuten. Vielleicht hat sie es gemacht wie Baba Yagas Haus, hat sich auf die Hühnerbeine gestellt und ist davonmarschiert, um sich irgendwo anders in Kent niederzulassen. Wie auch immer – die Suche nach ihr fühlt sich langsam an wie die nach dem Heiligen Gral.

In letzter Zeit versuche ich immer häufiger, die ursprüngliche Bedeutung bestimmter Ortsnamen herauszufinden. Ich könnte mir vorstellen, dass man sich erst ab einem gewissen Alter für derlei interessiert, wenn man reif genug ist, um auf der Suche nach verlorengegangenem Sinn einen Blick zurück zu werfen. Bei mir fing das Ganze mit der Entdeckung an, dass zwei mir sehr wichtige Flüsse eine bedeutende Gemeinsamkeit haben: Der Name des Dart in Devon, wo ich häufig Urlaub mache, und der Name des Darent, in dessen Nähe ich aufgewachsen bin, stammen vom selben keltischen Wort für »Fluss in der Nähe von Eichen« ab. In diesen so kurzen Namen steckt so viel: ein uralter Begriff von Landschaft, eine umkämpfte Kulturgeschichte (nicht jeder ist davon überzeugt, dass es jemals Kelten gab in Kent) und eine Verbindung zwischen diesen beiden Orten, die ich so gut kenne und liebe. Jetzt, da ich mich nicht auf das Lesen von Romanen konzentrieren kann, liefert mir diese

Erkenntnis ganz ähnliche Informationen wie einst ein Buch: Ganze Netzwerke schöner Ideen, die miteinander kommunizieren. Für mich fühlt sich das an wie eine andere Art des Lesens.

Mit dem Namen des Dorfes in der Nähe der kleinen Ruine ergeht es mir ähnlich. Das Dorf heißt Hernhill. »Hern« könnte von »heron« stammen, was »Reiher« heißt und ein Hinweis auf die nahe gelegenen Marschen sein könnte. Aber es könnte auch von dem altenglischen Wort für »grau« stammen. So oder so weist der Name darauf hin, dass es sich um eine feuchte, trostlose Landschaft handelt. Aber er erinnert mich auch an Herne, den Jäger, den Geist mit Hirschgeweih, der vermutlich eine Version des gehörnten Gottes Cernunnos ist. Diese uralte Gottheit ist auf einigen archäologischen Funden im ehemaligen Ausbreitungsgebiet der Kelten in Europa abgebildet. Teils Mensch, teils Hirsch, wird er mit Fruchtbarkeit und Überfluss in Verbindung gebracht, aber auch mit allem Wilden, Dunklen und den unbekannten Orten, an denen Tod und Schöpfung miteinander verflochten sind, die Machenschaften der Natur, die dem Menschen immer verborgen bleiben werden.

All das steckt in einem einzigen Namen. Der Name Cernunnos wiederum stammt vom gallischen Wort *karnon*, das so viel heißt wie Horn oder Geweih. Aus Karnon wurde Cernunnos, aus Cernunnos wurde Herne. Herne wird greifbar für jene, die sich in der schaurigen Einsamkeit des Waldes aufhalten. Man muss sich nicht in die Wildnis begeben, um dem Wilden zu begegnen. Wer seine Geschichten kennt – wer die Mythologie seines Landes versteht –, der kann bei einem sonnigen Spaziergang mit seinem Hund jederzeit eintauchen in die uralten Wälder der Unterwelt.

*

1973 beschreibt der Anthropologe Clifford Geertz in seinem Essay »Deep Play« die vielschichtige Natur tiefer Konzentration. Nach Geertz vergessen die Spieler bei einem *deep play* alles um sich herum, meist geht es dabei um Geld, aber auch um alles andere, was mit Status zu tun hat: »Wertschätzung, Ehre, Würde, Respekt.« Auf den ersten Blick handelt es sich um eine Freizeitbeschäftigung, allerdings um eine, die das gesamte symbolische Universum der Teilnehmenden einkapselt. *Deep play* ist in dieser Lesart eine zutiefst machistische Angelegenheit – Geertz hat sie in seiner anthropologischen Betrachtung von Hahnenkämpfen in Bali beschrieben – und zeigt, wie es Männern gelingt, die Hierarchien und gesellschaftlichen Erwartungen zu durchbrechen, indem sie unter dem sorgenvollen Alltag ein Feuer entzünden.

Ich glaube, Geertz hat etwas übersehen. Er hat die Grenzen von *deep play* zu starr gesetzt. Ich sehe überall *deep play*, es kommt in unendlich vielen Facetten zum Ausdruck. In meinen Augen steckt dahinter eine Form von Aufmerksamkeit, die wir von Erwachsenen gar nicht mehr erwarten und die wir auch kaum noch bei Kindern finden. Und zwar, weil wir das Spielen an sich missverstehen, weil wir mit Spielen immer Überschwang verbinden, Albernheit, Tand, und weil uns das signalisiert, wie jung unsere Kinder noch sind und dass für sie der Ernst des Lebens noch nicht begonnen hat. Dabei ist Spielen eine sehr ernste Sache. Spielen ist absolut. Spielen ist das komplette Versinken in etwas, das für die Außenwelt von keinerlei Bedeutung ist, für den, der spielt, aber von sehr großer. Beim Spielen versinkt man vollkommen in seinen eigenen Interessen, und dieses Versinken wird zu einem eigenen Gefühl, einer machtvollen Emotion. Beim Spielen verschwindet man irgendwohin, man entscheidet selbst, wohin, und dieser Ort ist für alle anderen unsichtbar. Beim Spielen geht es darum, in einen Flow zu kommen, wie beim kindlichen Spielen im Sand können wir neue Gedanken ausprobieren, neue Rollen. Spielen ist eine Art symbolischen Lebens, es ist eine Möglichkeit, eine Wirklichkeit in eine andere zu übertragen und in ihr nach Sinn zu schürfen. Spiel ist eine Art des Zaubers.

Es fasziniert mich immer wieder, wie Erwachsene spielen. Man sagt, die meisten Menschen spielen immer weniger, je älter sie werden, weil der Geist mit dem Haar ergraut. Aber das kommt daher, dass wir eine sehr starre Vorstellung davon haben, was Spielen ist, und meinen, nur jene Erwachsenen würden spielen, die genau das tun, was wir von spielenden Kindern erwarten – nämlich beispielsweise anderen Leuten Streiche spielen und Plüschtiere sammeln. All das zeigt, wie beschränkt unser Denken ist, wenn es ums Vergnügen geht. Entweder ist etwas für Kinder – knallbunt, chaotisch, laut – oder für Erwachsene – dunkel, undurchsichtig, regelwidrig. Aber das sind einfach nur zwei unterschiedliche Spielarten. *Deep play* – jene großen, eindringlichen, fruchtlosen Prozesse, in die wir unsere gesamte Identität investieren – ist für mich fundamental, und doch wirkt meine Version davon nach außen trocken und farblos.

Ich habe immer schon mit Wörtern gespielt. Wie viele autistische Kinder bin ich aufgewachsen in dem Glauben, dass ich stets das Falsche spielte – oder dass ich in den Augen der mich umgebenden Erwachsenen überhaupt nicht spielte, denn sie drängten mich stets, rauszugehen, mich mit Puppen zu befassen, ihnen Kleider anzuziehen, ein bisschen herumzurennen. Aber ich wollte nicht herumrennen. Ich wollte schreiben.

Ich war neun, als ich zum ersten Mal laut aussprach, dass ich Schriftstellerin werden wollte, aber geschrieben hatte ich schon davor. Meine früheste Erinnerung ist die, wie ich unter der Frisierkommode im Gästezimmer sitze und ein Blatt Papier nach dem anderen vollkritzele mit etwas, das Schreibschrift darstellen soll. Ich konnte noch nicht schreiben, aber der Drang war bereits da, der Wunsch danach, die Dinge miteinander zu verknüpfen. Ich kann mich erinnern, wie ich mal im Sommer an der Schreibmaschine meiner Mutter saß und mühselig die Geschichte einer Zeitreise tippte, die mehr oder weniger auf dem Film beruhte, den wir am letzten Schultag vor den großen Ferien gesehen hatten. Und dann kam irgendwann der Punkt, ein ganz klarer Zeitpunkt in meiner Geschichte, an dem dieses Spiel mit Wörtern ernst wurde. Wenn die Leute mich fragten, was ich später mal werden wollte, sagte ich: Schriftstellerin.

Am Anfang fanden das alle süß. »Schriftstellerin, aha?«, sagten die Erwachsenen und zogen die Augenbrauen hoch. Ich wusste, sie waren belustigt, aber sie blieben freundlich. Man sieht es präpubertären Wesen nach, wenn sie so großspurig auftreten. Man findet das herrlich naiv und ist sicher, das Leben wird einem die Flausen schon bald austreiben. Als ich dreizehn war, führte mein Berufswunsch dann schon eher zu mildem Entsetzen. Der Satz »Ich möchte Schriftstellerin werden« löste unter anderen Jugendlichen grunzendes Gelächter aus und bei Erwachsenen handfeste Skepsis. Überall in der Literatur gab es Parodien von mir, wichtigtuerische Heranwachsende, deren Selbstüberzeugung in keinem Verhältnis stand zu ihrem Talent. Mein Ansinnen war lächerlich, es offenbarte meine völlig falsche Wahrnehmung von der Wahren Welt und davon, wie sie läuft. »Du bist doch ein cleveres Mädchen«, bekam ich bei der Berufsberatung an meiner Schule zu hören. »Hast du schon mal überlegt, in der Strafvollzugsbehörde zu arbeiten?«

Ich würde jetzt gerne erzählen, das sei der Moment gewesen, in dem ich beschloss, meine Ambitionen fortan im Geheimen weiter zu pflegen und abzuwarten, bis ich sie einer freundlicheren Welt präsentieren konnte, in der die Menschen mich verstanden. Aber das wäre gelogen. Ganz im Gegenteil stellte ich das Schreiben komplett ein. Ich legte den mit türkisfarbener Tinte schreibenden Füller beiseite, mit dem ich reihenweise Notizbücher mit Gedichten gefüllt hatte (gut, die türkisfarbene Tinte ist mir jetzt ein bisschen unangenehm), und umwickelte jedes einzelne Buch zigfach mit Klebeband, wie eine Spinne, die eine Fliege bestattet. In diesen Büchern standen peinlichste Dinge, und ich wollte sicherstellen, dass niemand sie jemals lesen würde. In diesem versiegelten Zustand bewahrte ich die Bücher eine Weile im Regal auf und überlegte, ob ich wohl in die Versuchung geraten würde, sie aufzuschneiden und mir meine Gedichte wiederzuholen. Doch dazu kam es nie. Es verging eine Weile, und als ich das Gefühl hatte, dass meine Verbindung zu ihnen sich einigermaßen verloren hatte, warf ich die Bücher weg, ich begrub sie ganz unten im Küchenabfall unter schmierigem Butterpapier und Gemüseresten. Ich erinnere mich noch gut, wie erleichtert ich war, als am nächsten Montag die Müllabfuhr kam und sie mitnahm. Sie waren weg, für immer. Ich hatte den perfekten Mord begangen.

Aber sie verfolgten mich wie Wiedergänger. Jedes Mal wenn ich zur Ruhe kam, tauchten sie auf und trugen mir meine eigenen Texte vor. Ich bereute bitterlich, mit welcher Sorgfalt ich jedes Wort ausgewählt und wie ich jedes Metrum feinjustiert hatte. Die Verse waren dadurch alle schmerzlich gut zu erinnern. Ich schämte mich dafür, dass sie mir so viel bedeuteten. Ich wünschte, sie hätten meine dummen, unreifen, deplatzierten Teenager-Gefühle nicht so gut eingefangen; ich wünschte, ich würde sie nicht immer noch brauchen. Ich verfluchte mich dafür, sie überhaupt jemals anderen Leuten gezeigt zu haben, weil sie darum vielleicht sogar in einem kollektiven Gedächtnis fortbestanden, ganz gleich, wie blass. Ich dachte, ich würde sie endlich hinter mir lassen können, sobald ich die Schule verließ, und ich entschied mich wohlweislich dagegen, Englische Literatur zu studieren – obwohl das in der Schule mein bestes Fach gewesen war. Was auch immer ich war – mit Schreiben hatte ich nichts am Hut. Überhaupt nichts.

Aber wenn ich keine Schriftstellerin war – was war ich dann? Nichts, hatte ich das Gefühl. Immer wieder dachte ich mir Geschichten aus, verknüpfte Beobachtungen mit kuriosen Ideen und überlegte, wie ich meine Stimme auf Papier klingen lassen sollte. Und dann korrigierte ich mich. Das waren doch alles alte Träume, völlig überholte Gedankengänge, über die ich da gerade wieder gestolpert war. Wenn ich doch bloß neue Gedanken finden könnte, die mich genauso ansprächen; aber es wollte mir nicht gelingen. Frisch an der Uni, meldete ich mich für einen Töpfer- und einen Yogakurs an – und landete dann trotzdem bei einer Veranstaltung, mit der sich die Uni-Zeitung präsentierte, um neue Redaktionsmitglieder anzuwerben. Noch bevor der Redakteur mit seiner Begrüßung und einigen einleitenden Bemerkungen fertig war, dachte ich: *Herrgott nochmal, was zum Teufel ist denn bloß los mit dir, Katherine? Schreiben. Ist. Nicht. Dein. Ding.* Ich entschuldigte mich und ging.

Ich machte meinen Abschluss und stolperte durch eine ganze Reihe von Jobs, die mich nicht glücklich machten. Jeder einzelne von ihnen spuckte irgendwelche Geschichten aus. Ich konnte nichts dagegen machen. Auf meinem täglichen Weg nach London sehnte ich mich immer mehr danach, Charakterskizzen von sämtlichen Mitreisenden im Zug zu schreiben: Von der Frau, die immer das Gesicht verzog, um ihr Make-up aufzutragen; von dem Mann mit den Kopfhörern, der immer wieder Tränen lachte über das, was er da hörte. Ein Job in einem ehemaligen Leichenschauhaus brachte jede Menge Geistergeschichten hervor. Ganz besonders faszinierte mich eine Kollegin, eine Zeugin Jehovas, die uns immer wieder erzählte, wie sich die anderen Gemeindemitglieder in ihre Ehe einmischten. Weil die Frau nicht schwanger wurde, meinten die Zeugen, sie hätte wohl nicht häufig genug Sex. »Aber ich schnacksel doch total gerne mit meinem Mann!«, rief sie eines Tages mit kieksiger Stimme und roten Wangen, während wir anderen schweigend an unseren Baguettes knabberten. Es kostete mich einiges an Selbstbeherrschung, das nicht sofort aufzuschreiben.

Das Schreiben kehrte immer wieder zu mir zurück, es boxte sich hervor aus der Versenkung, in der ich es begraben hatte. Es tauchte vor meinem Fenster auf. Rüttelte an meiner Tür. Es gelang mir einfach nicht, es für immer zum Schweigen zu bringen: Es gab keine Wunderwaffe, keinen Pfahl, keinen Zauberspruch, mit dem ich es hätte auslöschen können. Das Schreiben hatte etwas mit mir vor, mein Widerstand war zwecklos.

Mir blieb nichts anderes übrig, als mit ihm zu feilschen. *Hör zu*, sagte ich, *ich mache dir einen Vorschlag. Ich gebe nach und fröne dir ein bisschen – als Hobby zum Beispiel, oder vielleicht*

führe ich Tagebuch und schreibe ab und zu mal eine Geschichte,
die ich meinen Freunden zeigen kann – und du gibst dich damit
zufrieden. Ich habe keine Lust, mich als Schriftstellerin zu ge-
rieren und damit zu blamieren. Ich habe einen festen Job, und
mir fehlt der Schneid. Ich habe nicht genug gelesen. Ich habe
nicht Literatur studiert und darum gar kein Recht dazu. Aber
ich kann ein bisschen für mich schreiben, ganz privat. Und
wenn ich das mache, gibst du Ruhe. Okay?

Das Schreiben ließ nicht durchblicken, ob es mit diesem
Deal einverstanden war oder nicht, aber ich machte mich daran, ihn zu erfüllen. Bei Ikea kaufte ich einen kleinen Klapp-
tisch zur Wandmontage, der bei Bedarf immer wieder unauffällig verschwinden konnte, sodass niemand je davon erfahren
würde, dass ich an ihm gesessen und versucht hatte, kreativ zu
sein. Ich stellte eine Vase mit blauen Hyazinthen auf den Tisch
und legte ein paar neue Notizbücher daneben: Hardcover, in
Leinen gebunden. Ich reihte drei spitze Bleistifte nebeneinander auf. Dann zog ich einen Stuhl an diesen Altar heran und
nahm mir fest vor, etwas Bedeutungsvolles hervorzubringen.

Nach ungefähr einer Stunde kam H herein, um zu fragen, ob
er mir etwas aus der Stadt mitbringen sollte, und ich schnauzte
ihn an, er solle verschwinden und mich in Ruhe lassen, ich
würde versuchen zu schreiben. *Versuchen* war das entschei-
dende Wort. Als er verdutzt die Tür wieder schloss, bemerkte
ich, dass ich schützend die Arme um das Notizbuch gelegt
hatte – aber nicht, weil ich es bereits mit vielen tiefgründigen
Gedanken gefüllt hatte. Die Seiten zierten lediglich ziemlich
unbeholfene Zeichnungen von Hyazinthen.

Die ganze Zeit, während ich mich tapfer gegen eine schrei-
bende Existenz gewehrt hatte, war ich davon ausgegangen, dass

es meine Bestimmung war, mich dem Schreiben zu widersetzen. In der einen Stunde in meiner behelfsmäßigen Schreibstube lernte ich eine ganze Menge: Dass ein Talent, das man als Kind hat, einen nicht unbedingt bis ins Erwachsenenalter begleitet. Dass eine Kunstfertigkeit, wenn sie nicht gepflegt wird, verkümmert. Dass die tiefgründigsten Gedanken erschreckend substanzlos wirken, wenn sie Gefahr laufen, auf Papier gebannt zu werden. Aber vor allem lernte ich, was passiert, wenn man sich von seinem Spiel abwendet. Die schönsten Bereiche unserer Aufmerksamkeit zerfallen, übrig bleiben nur Bitterkeit und Frust. Wenn wir als Erwachsene nicht mehr spielen, ist das unserem Selbst nicht zuträglich – im Gegenteil, es verkümmert. Und zum *deep play* – zu jenem Spiel, das nach monate- oder jahrelanger Pause immer wieder auftaucht und seine eigenen geheimen Missionen pflegt, das in den Details des Seins gräbt – finden wir nur sehr schwer zurück.

Der Junge, der Katzen malte, war offenbar nicht in der Lage, mit diesem »tiefen Spiel« aufzuhören, selbst dann nicht, als er auf autoritären Widerstand traf. Ich glaube, er ist ein leuchtendes Beispiel dafür, wie man sich verhalten sollte: sachte trotzig. Wir sollten uns dem hingeben, was wir lieben. Das sollten wir unseren Kindern beibringen. Ich hatte den Punkt bereits hinter mir gelassen und musste mich darum anstrengen, dorthin zurückzukommen. Das bedeutete jahrelange Schwerstarbeit, stockendes, schrittweises Stammeln. Das Erlernen von *deep play* dauerte viel länger als alles andere, was ich bislang in meinem Leben gelernt hatte. Es bedeutete, den etwas schwierigen Anspruch auf Zeit, Raum und Alleinsein geltend zu machen und endlich Ansprüche an meine eigene Kreativität zu stellen. Es bedeutete, meinem längst vergessenen Bauchgefühl wieder zu vertrauen und mich nach meiner eigenen Arbeit zu sehnen. Es bedeutete, mir Zeit zu nehmen für Dinge, die meiner Umwelt sinnlos erschienen. Es bedeutete, mich meiner lähmenden Versagensangst zu stellen und zu lernen, mich auch über entwürdigend mittelmäßige Arbeit voller Fehler zu freuen. Es war ein langwieriger, langsamer, oft langweiliger und sehr fragiler Prozess. Ich kam mir nicht vor wie der Junge, der Katzen malte, fühlte mich nicht ständig unwiderstehlich zu meiner Kunst hingezogen. Ich kam mir vor wie jemand, der sich auf dem Weg zu einem Ort, an den er sich nur vage erinnerte, durchs Unterholz kämpfte. Dieser Ort war ich. Mein eigentliches Ich. Jeder Schritt dorthin kostete mich große Mühe. Jeder Schritt war diese Mühe wert.

Deep play ist ein Labyrinth, kein Irrgarten, ein verschlungener Pfad ohne Ziel. Es geht darum, sich hindurchzubewegen. Zu gehen. Immer weiter, endlos. Die einzige Belohnung ist noch mehr genau davon – mehr Brunnen, die mit Aufmerksamkeit gefüllt werden wollen, mehr Feuer, die genährt werden wollen. Und ab und zu, ohne dass wir etwas dafürkönnen, erlöschen diese Feuer.

*

Erst H gelang es, die Ruine zu finden. Mit einer Karte in der Hand und seiner methodischen Denkweise und Beharrlichkeit analysierte er, an welchen Punkten ein Turm hätte stehen können. *Hier nicht, sonst hätten wir vom Weg aus ja etwas gesehen. Es muss in diesem Teil des Waldes sein.* Er grenzte seine Einschätzung, wo die Ruine sein könnte, immer weiter ein. Ich war kurz davor, aufzugeben. Vielleicht waren wir auf dem falschen Hügel? Vielleicht befindet sich die Ruine in einem privaten

Garten? Ich glaubte nicht mehr daran, sie finden zu können. Ich glaubte nicht einmal mehr der Karte.

Am Ende mussten wir die Ruine nicht einmal großartig von Dornenranken befreien. Sie war einfach da, wo sie die ganze Zeit gewesen war, genau da, wo sie hingehörte. Auf einmal konnten wir sie sehen. Wir mussten nur erst ausreichend daran glauben. Die schwarzen Feuersteinwände fügten sich perfekt ein in die Schatten des Waldes, auf einmal standen wir direkt davor, sahen sie durch das Laub.

Wir kämpften uns durchs Gestrüpp und überwanden ein paar umgefallene Bäume, dann erkannten wir den sechseckigen Turm, der haargenau so aussah wie der schwarze Turm beim Schach, inklusive Eingang. Im Inneren war er leer, aber es sah ganz so aus, als habe es mal eine Treppe gegeben und zumindest eine Zwischendecke. Kein Dach, keine Fenster, und von ganz oben war wohl schon einiges vom Mauerwerk herabgestürzt. Ich steckte den Kopf zur Tür hinein, sah hinauf und beschloss, den Turm besser nicht zu betreten. Als ich mich wieder umdrehte, hatte Bert sich in den Lehrling eines alten, in dem Turm wohnenden Zauberers verwandelt und gerade herausgefunden, dass sein Meister ein Bösewicht war. Die beiden kämpften miteinander, wobei der erfahrenere Magier überrascht war vom unheimlichen zauberischen Können seines Lehrlings. Das Problem war, dass der Zauberer einen Drachen zur Hilfe rufen konnte, dessen Feueratem aus den imaginierten Fenstern loderte ...

... und ich muss daran denken, dass es gar nicht so lange her ist, seit die Menschen in England daran glaubten, dass früher Drachen dort gelebt hatten, dass sie vielleicht erst vor Kurzem ausgestorben waren oder aber sich in unterirdischen Verstecken aufhielten. Noch bis ins 19. Jahrhundert gab es Berichte von abergläubischen Menschen auf dem Land, die gewöhnliche Wassermolche für Drachenlaich hielten ...

Wir alle finden an unterschiedlichsten Orten zu unserem eigenen Spiel. Für die einen ist es die Suche nach Turmruinen, für die anderen sind es die Geschichten, die von ihnen ausgehen. Was letzten Endes zählt, ist, dass wir überhaupt spielen, dass wir diese ganz besondere Art von Aufmerksamkeit pflegen, dass wir den Dialog zwischen unserem Spiel und dem der anderen fortführen. Es ist eine Flamme, die es wert ist, beschützt zu werden, und wenn sie nur dazu dient, die Konturen des Landes zu erkennen und die im Boden gespeicherte Wärme zu spüren.

Die Flammen

Vielleicht hat es an dem seltsamen Licht gelegen, das durch mein Fenster fiel, vielleicht an der diffusen Unruhe vor dem Haus, dass es mich wieder einmal nach draußen zog, und wieder einmal stehe ich da und beobachte ein Feuer. Dieses Mal allerdings ist Bert dabei, barfuß und im Schlafanzug. Sämtliche Nachbarn sind ebenfalls draußen und blicken in die Dunkelheit. Eine Feuersäule erhebt sich hinter der nächsten Häuserreihe. Sie verwandelt die Dächer in eine Silhouette und taucht den Himmel in ein unnatürliches Rosa. Ich könnte schwören, die Hitze auf meinen Wangen zu spüren.

Wir keuchen. Wir spekulieren. Jeder hat ein Smartphone in der Hand und versucht, herauszufinden, was los ist.

»Muss auf der anderen Seite der High Street sein«, sagt einer.

»Nein, das ist bestimmt näher. Sieht eher aus, als wäre es in einem der Gärten. Ein Schuppen vielleicht?«

»Bei einem Schuppenbrand schlagen die Flammen nicht so hoch. Es sei denn, in dem Schuppen wurde Benzin gelagert.«

»Hoffentlich hat jemand die Feuerwehr gerufen.«

»Ich geh mir das mal ansehen.«

Ich bleibe, wo ich bin, die Hände auf Berts Schultern. Wir sind alle ein bisschen aufgeregt. Aber nicht wie sensationslüsterne Gaffer. Vielmehr scheint das Feuer etwas in uns ausgelöst zu haben, das es uns unmöglich macht, wegzusehen, das in uns das Bedürfnis weckt, alles über diesen Brand zu erfahren und über sämtliche Einzelheiten zu reden. Wir sind konfrontiert mit einer existenziellen Bedrohung, mit einer unmittelbaren Gefahr, jetzt, endlich, nach all den Monaten und Jahren nebulöser Fährnisse. Ich überlege, wie schnell sich das Feuer auf uns zubewegen könnte, wann wir am besten die Flucht ergreifen sollten. Ein vergleichbares Gefühl hatte ich zuletzt vor zehn Jahren, als hinter unserem Haus ein Schuppen brannte. Während ich die Feuerwehr rief, griff das Feuer auf unser Grundstück über und raste am Zaun entlang auf mich zu. Ich kann die Hitze in meinem Gesicht bis heute spüren, mein Gehirn konnte die Geschwindigkeit sehr gut einschätzen, wusste, wann das Feuer so nah sein würde, dass ich mich in Sicherheit bringen sollte. Als die Feuerwehr kam, trug ich auf jedem Arm eine Katze. Binnen Sekunden war alles vorbei.

Dichter, schwarzer Qualm steigt auf und vermischt sich mit den Flammen. Der Nachbar kommt zurück. »Könnte die Schule sein«, sagt er.

Ich spüre, wie Bert sich verkrampft. Ich bringe ihn ins Haus. Jetzt könnte die Sache persönlich werden.

»Meint er meine Schule?«, fragt er.

Ich weiß es nicht.

»Was passiert, wenn meine Schule abbrennt?«

»Jetzt lass uns doch erst mal herausfinden, was wirklich Sache ist«, sage ich. Ich intensiviere meine Nachforschungen am Smartphone, stelle Fragen in den sozialen Medien, verschicke private Nachrichten, E-Mails und SMS. Berts Schule liegt etwas seltsam in zweiter Reihe. An drei Seiten hinter Reihenhäusern und an der vierten hinter Ladengeschäften. Man gelangt nur zu Fuß über schmale Gassen zu ihr. Sollte es tatsächlich die

Schule sein, die brennt, dann wäre klar, warum niemand etwas Genaues weiß: Man kann sie von keiner Straße aus direkt sehen.

»Sind unsere Lehrer noch drin?« fragt Bert, und seine Stimme nimmt einen schrillen Klang an.

»Nein«, sage ich. »Nein. Es ist doch schon spät. Die sind alle zu Hause.« Das Display meines Handys leuchtet auf. Ich ignoriere es und versuche, Bert in den Arm zu nehmen. »Alles ist gut. Ich verspreche es dir. Alles ist gut.«

Er schüttelt mich ab. Ich lese die eingegangene Nachricht. Sie ist von einer Freundin, die in unmittelbarer Nähe des Brandes wohnt. Sie steht draußen auf der Straße, schreibt sie. Es ist nicht die Schule. Es ist ein leerstehendes Gebäude dahinter. Alle sind in Sicherheit. Das Feuer ist gelöscht.

Manchmal stattet die Zerstörung uns einen Besuch ab. Andere Male fährt das Leben einfach nur die Krallen aus und lässt uns seinen heißen Atem spüren, um uns daran zu erinnern, wie klein wir sind, wie hilflos.

*

Das mit dem Bücherlesen habe ich bis auf Weiteres aufgegeben – jedenfalls das mit dem Lesen ganzer Bücher. Ich versuche, das Spielerische in meinem Lesen wiederzufinden, in Gedichten und Artikeln, Geschichten und Essays. Ich habe meinen furchteinflößenden Stapel ungelesener Bücher auf null reduziert und mir erlaubt, mir für diese neue Lebensphase ganz neue Bücher auszusuchen. Ich habe jede Menge Apps von meinem Telefon gelöscht, und ich würde gerne behaupten, dass sie es waren, die ständig meine Aufmerksamkeit raubten, aber in Wirklichkeit weiß ich ja, dass ich sie ihnen nur allzu bereitwillig schenkte. Diese entsetzliche Zeit hat mir gründlich die Lust verdorben, mich mit der Welt in all ihrer Komplexität auseinanderzusetzen. Ich habe es vermieden, zu viel nachzudenken. Ich ließ mich sehr gerne ablenken.

Und ganz gleich, worauf ich meine Aufmerksamkeit richte, die Welt wird sich verändern. Das Leben ist nicht mehr, wie es vorher war. Ich beobachte es an den Menschen um mich herum: Sie drängen dem Leben davon, haben Panik, dass es sie erwischt, wollen sich in Sicherheit bringen. Ich kann förmlich spüren, wie wir erstarren, uns voneinander entfernen, zurückziehen. Ich hoffe, die Veränderung bringt vor allem denen Gutes, die Gutes verdienen, und benachteiligt nicht solche, die es nicht verdienen. Ich hoffe, wir alle werden die Größe haben, Nachsicht zu üben. Ich hoffe, wir werden lernen, milder zu sein – der neuen Zeit gegenüber, unseren Mitmenschen gegenüber. Lernen, wieder irgendwie miteinander zu verschmelzen. Wieder mit den Landschaften zu verschmelzen, die uns umgeben und die noch immer die Weisheit vieler Jahrtausende ausstrahlen, ganz langsam, ganz leise, wenn wir nur lernen, zuzuhören.

Veränderung ist das rastlose Fundament, auf dem wir bauen. Lauren Olamina, die Heldin aus Octavia Butlers Earthseed-Serie, macht die Veränderung selbst, jene »einzige überdauernde Wahrheit in dieser Welt«, zu Gott. Für sie liegt das Heilige in der Anpassung. Vielleicht ist es das, was auch ich suche, die Fähigkeit, in den Fluss der Welt einzutreten, mich von ihm treiben zu lassen, statt gegen ihn anzukämpfen, meine eigene Gestalt über ihn hinwegtanzen zu lassen. »Wir beten Gott nicht an«, schreibt Lauren in Versform. »Wir nehmen Gott wahr und wohnen Gott bei / Wir lernen von Gott ... Wir formen Gott.« Eine Wahrheit so gültig wie jede andere, ein heiliger Raum, in dem unser Geist zur Ruhe kommen kann: Wir sind nicht passive Empfänger des Göttlichen, sondern aktive Erbauer eines Pantheons. Wir erschaffen die Veränderung, und die Veränderung erschafft uns. In diesen Austausch einzutreten – im Wissen um die Tiefe des Dauerhaften und die Ruhelosigkeit der Bewegung –, verlangt uns einiges an Arbeit ab. Lebenslang.

Wie begegnen wir diesem Gott, dieser unwiderstehlichen Macht, die wie ein Wirbelsturm durch unser Leben rast? Wir passen uns an. Wir entwickeln uns weiter. Wir erneuern uns, unsere Umgebung, unser Leben. Wir öffnen uns für das, was es uns zu sagen hat, hören zu und machen uns an die Arbeit, das neue Wissen in uns aufzunehmen. Manchmal lesen wir es in Büchern. Manchmal lesen wir es woanders, in vorbeiwehenden Gerüchen und den Flugbahnen von Vögeln. Manchmal müssen wir das magische Kribbeln spüren, um uns zu erinnern, woran wir glauben.

*

Meine billige Feuerschale wird immer dünner, weil ich sie ständig benutze, wenn ich irgendetwas feiern will oder das Feuer brauche, damit sich etwas echt anfühlen kann. Ich stehe an einem feuchten Septemberabend in meinem Garten und versuche, Feuer wieder in meine eigene Mythologie einzubauen, es wieder zu etwas zu machen, was mir Sicherheit gibt. Feuer ist nur so sicher wie unser Verhalten in seiner Gegenwart, wie ich Bert immer wieder erkläre. Wir lassen diese wilde Kraft in unser Leben, um uns daran zu erinnern, was Zauber ist: Etwas, das an den Rändern jener Kraft kribbelt, die sich durch jede Existenz brennt. Wir werden sie niemals unter Kontrolle bringen. Sie wird uns immer Respekt abverlangen, vorsichtiges Verhalten, große Aufmerksamkeit.

Heute waren wir bei dem ausgebrannten Gebäude, haben am Absperrband vorbei auf die Tristesse geblickt. Bert musste das sehen. In seinem Kopf brannte es immer noch, er dachte, es würde immer weiter brennen und uns alle immer weiter bedrohen. Aber vor Ort ist alles kalt und nass, wir finden das Skelett eines Gebäudes vor, das wir in unversehrtem Zustand gar nicht kannten. Wir sehen verbogenes Metall und zu schwarzem Samt verkohltes, an Tierfell erinnerndes Holz. Es wurde auf ganz eigene Weise gebändigt.

Ich werfe ein paar Lorbeerzweige ins Feuer, die Blätter vertrocknen und erstarren zu Bronze. Sie knistern, und ich sauge den duftenden Rauch ein. Flammen lodern auf, dann sehe ich die Hitze zwischen den dünnen Zweigen tanzen, rot brandet sie durch sie hindurch und verwandelt sie in Kapillaren. Dann sind sie weg, verbrannt, und das Feuer arbeitet sich etwas langsamer durch die dickeren Äste, überzieht sie hungrig mit Mustern. Wie Leidenschaft in Aktion – das Feuer verlangt nach Brennstoff. Was auch immer passiert – was auch immer ich tue –, morgen wird nur noch Asche übrig sein. Ich habe kein Recht, mich dem Feuer in den Weg zu stellen. Ich glaube, ich bin jetzt bereit, mich ihr zu unterwerfen, dieser neuen Welt und den neuen Verhaltensweisen, die sie mir abverlangt. Ich habe einfach nur eine Weile gebraucht, um das einzusehen, um es als mein Los zu akzeptieren.

Nach jener Nacht mit dem Sternenregen 1833 wollten die Menschen unbedingt verstehen, was sie da gesehen hatten. Wissenschaftler verglichen Daten und schrieben Aufsätze, sie betrachteten historische Aufzeichnungen und kamen Mustern auf die Spur, die es schon immer gegeben, die aber nie jemand so recht erkannt hatte. Alle dreiunddreißig Jahre ist ungefähr

Mitte November irgendwo auf der Welt ein spektakulärer Meteorenregen zu beobachten, wenn die Erde sich durch die Trümmer des Kometen Tempel-Tuttle bewegt. Das wahre Wunder besteht darin, wie oft wir dieses Phänomen vergessen haben.

Aber die Wissenschaft war nicht die einzige Disziplin, mit der die Menschen sich erklärten, was es mit dem Sternenregen auf sich hatte. »Die Leute hatten Angst und dachten, die Welt würde untergehen«, schrieb Harriet Powers, die Volkskünstlerin, die den Meteorenstrom auf einem Quilt darstellte, der heute Teil der Smithsonian'schen Sammlung ist. »Gottes Hand führte die Sterne.« Der Sternenregen ereignete sich, lange bevor sie 1837 als Tochter von Sklaven geboren wurde, aber bis sie alt genug war, um Quilts nähen zu können, war er zu einem zeitlichen Fixpunkt geworden für Afroamerikaner, denen der Zugang zu ihren eigenen Geburtsdaten und ihrer Herkunft verwehrt wurde. Die Nacht des Sternenregens wurde zu einem festen Orientierungspunkt, um den herum man navigieren konnte, wenn man Geschichten erzählte, und die mündlichen Überlieferungen jener Zeit erlaubten es späteren Generationen, Versatzstücke einzelner Erzählungen wieder zusammenzufügen. Die Autorin und Ahnenforscherin Angela Y. Walton-Raji konnte das Geburtsjahr ihrer Ururgroßmutter Amanda anhand ihrer Erzählung von jener Nacht rekonstruieren, »von der sie bis zu ihrem Tod 1920 immer und immer wieder sprach«. Augenzeugen des Sternenregens konnten gar nicht anders, als davon zu reden, und so hallten ihre Stimmen wider in die Zukunft.

Auch der Sternenregen hallte wider in allem, was wir kannten und wussten. In Liedtexten und Buchtiteln. In literarischen

Werken von William Faulkner bis N. Scott Momaday. Abraham Lincoln bezog sich immer gerne auf die Leoniden, wenn er von der Einheit der Union sprach – die Fixsterne blieben, wo sie waren, unbeeindruckt vom Krieg, der auf ihrer Oberfläche tobte. Das Spektakel hatte nicht *einen* konsistenten Effekt, es führte auch nicht zu irgendwelchen eindeutigen Schlüssen – nein, es löste Faszination aus, Eifer und Erkenntniszugewinne, es zwang die Menschen, sich auf neue Weise auszudrücken und zu verstehen. Es vereinte die Menschen in ihrer kollektiven Aufmerksamkeit und verteilte unterschiedliche Meinungen am Firmament. Wenn wir nach dem Zauber der Welt suchen, weil wir uns von ihm direkte, konkrete Erkenntnisse erhoffen, dann haben wir etwas missverstanden. Der Brocken ist viel zu groß, als dass wir ihn auf einmal schlucken und verdauen könnten. Der Zauber begegnet uns in immer neuen Konstellationen, er lädt uns ein, uns auf den lebenslangen Prozess einzulassen, uns dem Moment anzupassen.

LUFT

Fliegen

Kaum sind wir im Steigflug, fängt auch schon jemand an, eine Orange zu schälen, und die gesamte Flugzeugkabine duftet nach gemütlichen Nachmittagen bei meiner Großmutter.

Ich kenne den Trick: Es geht darum, Reiseübelkeit zu vermeiden. Mich bringt es immer durcheinander, unterwegs zu sein. Am liebsten setze ich meine Füße auf festen Boden. Auch ich habe, wenn mir in Reisebussen, auf Kanalfähren und Autorückbänken schlecht wurde, schon oft Orangen geschält. Manchmal habe ich ihren Geruch in einer Papiertüte eingefangen, um die Wirkung zu verstärken. Eine Orange bereitet Reiseübelkeit schlagartig ein Ende – wenn auch nur ein vorübergehendes.

Vielleicht geht es diesem Menschen, der sich namenlos hinter einer der vielen identischen Rückenlehnen verbirgt, genau wie mir. Vielleicht geht es auch da um das Gefühl, sich durch das Fliegen ausgerenkt zu fühlen. Ich traue Flugzeugen nicht. Ich durchschaue ihre Technik nicht, verstehe nicht, wie sie sich in der Luft oben halten können. Für mich haben sie sehr viel mit Glauben zu tun, aber mehr an die Wissenschaft als an Gott. Ich weiß, dass ich nichts weiß, und muss darauf vertrauen, dass andere sich besser auskennen als ich. Bert sitzt neben mir und umklammert meine Hand, als gehe es ihm genau wie mir. Wir beiden hoffen, mit Kaugummi den Druck auf den Ohren auszugleichen. Ich halte ihm ein Taschentuch hin, er spuckt den Kaugummi aus, dann reiche ich ihm eine Flasche Wasser.

Zischend entweicht beim Aufschrauben die Luft. Das erklärt vielleicht, wieso mir schon wieder schwindelig ist.

Im Zug kann ich wunderbar meditieren, aber nicht im Flugzeug. Es hat also nicht nur mit unterwegs sein zu tun. Sondern mit Kontakt. Hoch oben in der Luft kann meine Aufmerksamkeit nirgends landen – unter uns sind zehn Kilometer wackeliges Nichts. Ich kann hier oben keine Wurzeln schlagen. Ich bin auf der Durchreise, in einem Transitzustand zwischen zwei stabilen Punkten. Fliegen fühlt sich an wie eine Unterbrechung des echten Lebens.

Wir sind auf dem Rückflug von einer dringend nötigen Reise. Zum ersten Mal seit die Pandemie uns voneinander trennte, haben wir meine Mutter in Spanien besucht. Bert war in den zahlreichen wie Punkte über die Landschaft verteilten Pools schwimmen (beim Landeanflug sehen sie aus wie blaue, blinzelnde Augen, die zu einem hinaufschauen). Ich habe nach dem Rechten gesehen. Ich wollte einen Punkt von meiner Wachsamkeitsliste streichen. Hier oben über den Wolken hoffe ich, dass dieses Wissen meine freischwebende Aufmerksamkeit ein wenig beschwert. Mir vielleicht als Anker dient.

Das Flugzeug ruckelt, und Bert fragt: »Was war das?«

»Turbulenzen«, sage ich. »Kein Grund zur Sorge.«

Ich habe gelernt, anhand von verschütteten Getränken einzuschätzen, ob das unvermittelte Absacken eines Flugzeugs als gefährlich einzustufen ist oder nicht. Das Wasser in meiner Flasche rührt sich kaum. Die Flugbegleiter marschieren vollkommen unbeeindruckt weiter den Gang entlang. Hoch oben am endlosen Himmel bedeutet das Ruckeln, das uns beunruhigt, überhaupt nichts, der Höhenverlust ist im Vergleich zur Flughöhe minimal. Doch der menschliche Körper reagiert misstrauisch auf das Gefühl, zu fallen, und darum erschrecken wir trotzdem.

Das Problem ist, dass Luft uns fremd ist. Wir begreifen sie nicht in ihrer Formlosigkeit und Transparenz. Ihre Bedeutung zerrinnt zwischen unseren Fingern.

*

Kaum sind wir wieder zu Hause, fahre ich an den südlichsten Zipfel von Kent und parke in einer Wohnstraße in der Nähe von Greatstone Beach, wo ich als Kind häufig war. Aber heute interessieren mich weder die Dünen noch das Meer. Stattdessen marschiere ich in die entgegengesetzte Richtung, runter Richtung Romney Sands Holiday Park und auf die Kiesfelder.

Seit den 1920er Jahren gibt es hier eine Liliputbahn, die Romney Hythe & Dymchurch Railway, die auf einer Spurbreite von nicht mal vierzig Zentimetern von Hythe nach Dungeness rollt. Früher hat meine Mutter meinen Großvater und mich manchmal irgendwo an der gut zwanzig Kilometer langen Strecke abgesetzt, dann sind wir zu zweit mit dem Zug gefahren, während alle anderen schon am Strand waren. Die meisten Lokomotiven dieser Bahn sind immer noch dampfbetrieben. Man zwängt sich in winzige Waggons, rollt erst an den unzähligen Schafen in der Romney Marsh vorbei, dann zwischen den Häusern der Feriensiedlung hindurch, bis man das karge, wunderbare Ödland von Dungeness mit seinem ganz speziellen Licht und dem riesigen Kraftwerk erreicht. Damals liebte ich diese Bahn, weil ich es immer toll fand, mit meinem Großvater zusammen unterwegs zu sein, der sich beim Ein- und Aussteigen jedes Mal den Kopf stieß und immer eine Runde mit dem Lokführer plauderte. Heute liebe ich sie, weil der Geruch von Kohle und Dampf und der Glanz der gut gepflegten Loks mich an die totale Zufriedenheit erinnern, die ich damals empfand.

Ich höre den Zug kommen, als ich mich zwischen den vielen Wohnwagen in Bewegung setze – ich höre das eulenhafte Kreischen, das über die Ebene hallt. Der Zug rollt vorbei, er stößt Dampf aus, und ich hoffe, seinen Geruch einzufangen. Ich befinde mich auf einem Pfad zwischen zwei tiefen, einladenden Seen, in denen Schilf raschelt. Und dann sehe ich sie: die Betonohren von Dungeness. Stolz stehen sie hinter den Seen und recken sich optimistisch dem Himmel entgegen.

Diese akustischen Spiegel wurden in den späten 1920er Jahren überall in Kent aufgestellt und dienten der Luftabwehr als Frühwarnsystem. Die beiden riesigen Schüsseln in Dungeness – mit einem Durchmesser von sechs bzw. neun Metern – konnten die Schallwellen herannahender feindlicher Flugzeuge einfangen und auf ein Mikrofon fokussieren, über das sie an eine Zentrale übertragen wurden. Ein dritter Klangspiegel, eine sechzig Meter lange, geschwungene Mauer, wurde kurz darauf gebaut. Bei einer Reichweite von knapp vierzig Kilometern an einem klaren Tag konnten die Spiegel mit maximal fünfzehn Minuten Vorlauf warnen – je schneller die Flugzeuge wurden, desto mehr verkürzte sich das. Sie waren damals kaum aufgestellt worden, da wurden sie bereits vom Radar abgelöst, der aktiv Funkwellen aussandte, statt passiv darauf zu warten, dass Schallwellen ihn erreichten.

Jetzt stehen die Schüsseln immer noch da, Überreste einer veralteten Technologie, an die sich kaum noch jemand erinnert. Mich faszinieren sie bis heute. Als wir in der Schule in Physik den Schall durchnahmen, fiel es mir enorm schwer, an diese Wellen zu glauben, die ich mir als Diagramme in mein

Heft zeichnete. Ich konnte nicht recht glauben, dass es sie wirklich gab, bis ich die Betonohren sah und erklärt bekam, wie sie den schwingenden Schall einfingen und so reflektierten, dass er konzentriert auf einem Punkt landete, wo er gebündelt und dadurch hörbar wurde. Die Klangspiegel sind die Manifestation eines unsichtbaren Vorgangs und führen uns vor, wie beschränkt unsere Wahrnehmung im Grunde ist. Es gibt immer und überall so vieles, was wir nicht sehen. So vieles, was wir nicht hören. Die Luft steckt voller Informationen. Wir müssen nur lernen sie aufzufangen.

Die Ohren von Dungeness sind eine meiner Freistätten, wiederholtes Ziel meiner Pilgerwanderungen. Ich habe das Gefühl, dass sie mehr auffangen als nur Schallwellen. Ich glaube, sie verdichten einen Wirrwarr schwieriger Gefühle – Nostalgie, Trauer, Außenseitertum –, um diese dann wieder auszusenden. Ich kann mich bei ihnen aufhalten und eine Weile schweigen, ich liebe ihre glatte, brutale Betonoberfläche und wie sie sich in eine Landschaft einfügen, die niemals etwas anderes sein wird als ein Rand. Mir kommt es vor, als würde sich hier bei Dungeness alles versammeln, was irgendwie anders ist: Atomreaktoren, winzige Züge, aus Schrott gebaute Häuser. Und ich natürlich, die ich meine verwirrten Gefühle an einen Ort trage, an dem sie sich zu Hause fühlen.

Ein Stückchen weiter auf der Halbinsel liegt Prospect Cottage, die schwarz geteerte Fischerhütte, in die Derek Jarman sich während seiner letzten Lebensjahre zurückgezogen hatte. Der an Aids erkrankte Regisseur verwandelte die Hütte in ein Gesamtkunstwerk, indem er die Wände mit Büchern, Gemälden und Gedichten bedeckte. Auf einer der Außenwände befindet sich John Donnes Gedicht »Der Sonnenaufgang«, in Jarmans Handschrift vom Künstler Peter Fillingham per Hand in das alte Holz geritzt. »He, Sonne, alter Quälgeist du / was machst du da / was trittst du uns durchs Fenster denn so nah?« Laut Fillingham hat Jarman sich, immer wenn er länger im Krankenhaus war, neue Verbesserungen an der Hütte ausgedacht, seine Freunde angerufen und ihnen davon erzählt. So wurde der Substanz der Hütte immer wieder Leben zugeführt – während ihr Eigentümer zusehends an Substanz und Leben verlor. »Doch Liebe lässt sich nie durch Zyklen hetzen«, heißt es in dem Gedicht. »Sie kennt nicht Uhrzeit und Kalenderfetzen.«

Am bekanntesten ist wohl der Garten, den Jarman auf dem Kies rund um Prospect Cottage entstehen ließ, spärlich ausgestattet mit wenigen Pflanzen, die den harschen Winden in Dungeness trotzen, sowie mit Treibholz und rostigem Metall, das er am Strand gefunden hatte. »Die Leute damals dachten, ich würde eine Art Zaubergarten erschaffen«, schrieb er. »Für mich war das einfach Therapie.« Aber natürlich konnte er nicht leugnen, dass sein Garten etwas von Hexenwerk hatte, denn er hatte auf dünnstem Boden eine Oase erschaffen und dem Ort einen unglaublichen Zauber verliehen. Jarman war noch nicht lange tot, da besuchte ich Prospect Cottage an einem der wenigen Öffnungstage. Es war durchdrungen von Ruhe, jede einzelne Wand strahlte Frieden aus. Das, finde ich, ist ein beachtliches Ergebnis einer Umgestaltung.

Verlorene Seelen ziehen sich schon seit Ewigkeiten ans Meer zurück, der frischen Luft wegen. Aber nur hier, wo die Betonohren das Unsichtbare sichtbar machen, wird der Zweck deutlich. In der Luft und an der Luft kann man loslassen. Luft ist dazu da, die Dinge zu verbreiten, Nebel aufzulösen, Samen zu verteilen. Ganz heimlich, still und leise bringt Luft das Neue.

Glorien

In den letzten Jahren des 18. Jahrhunderts beschloss ein junger Mann namens Johann Ludwig Jordan, den Brocken zu besteigen, den im Harz gelegenen höchsten Berg Norddeutschlands. Die Gegend konnte sehr unwirtlich sein, voller Legenden von Hexen und Dämonen, aber an jenem Tag Ende Mai war sie wunderschön. Jordan brach noch vor dem Morgengrauen auf, er sah den Himmel rot werden, und dann war es, als würde die Sonne über dem Horizont bersten und Landschaft wie Wanderer heiter stimmen. Am Fuße der Berge unter ihm sammelten sich Dunstschwaden, die sich in dichten Nebel verwandelten.

Jordan erklomm die Teufelskanzel, eine Felsformation aus Granit, von der sich Goethe für die Szene der Walpurgisnacht in seinem *Faust* inspirieren ließ, und wie er so da oben stand, ließ er den Blick zum Wormberg schweifen und sah dort etwas, das ihm den Atem stocken ließ: Die Gestalt eines wie auf einem Sockel stehenden Riesen. Es war eine flüchtige Erscheinung. Noch unter Jordans Blick löste sich der Nebel unter ihm auf, und der Spuk war vorbei.

Was Jordan beschrieb, war kurz und nicht weiter bemerkenswert im Vergleich zu den vielen seltsamen Geschichten, die man immer wieder von Menschen hört, die sich in extreme Gefilde wagen. Großartige Landschaften sind Übergangsbereiche, die uns vom bequemen Alltag trennen und an den Rand des

Verstehens führen. Wir klammern uns an die hiesige Seite dieses Randes und erhaschen einen Blick auf die andere Seite. Und doch übertreibt Jordan nicht. Ihm geht es mehr um die Pracht des Wilden als um das Bedrohliche des Okkulten. Jordans im *Göttingischen Journal der Naturwissenschaft* veröffentlichten kurzen Bericht übertrug Samuel Taylor Coleridge gewissenhaft auf Deutsch in sein Notizbuch, und dreißig Jahre später verwendete er das Bild in einem Gedicht. Dort wird der Geist zu einem Sinnbild naiven Selbstbetrugs. Ein Waldarbeiter huldigt ihm und bemerkt nicht, dass es sich dabei um seinen eigenen Schatten handelt.

Denn genau das ist ein Brockengespenst: der Schatten eines Menschen, der von der tief stehenden Sonne an eine Nebelwand geworfen und durch den schrägen Projektionswinkel enorm vergrößert und verzerrt wird. Dieser Effekt wird noch dadurch verstärkt, dass der Schatten häufig nicht mit den Füßen des Betrachters verbunden ist und so jede Zusammengehörigkeit fehlt. Da die Wolken und Nebelschwaden, auf die der Schatten geworfen wird, ständig in Bewegung sind, sieht es aus, als würden sich die »Gespenster« merkwürdig bewegen, und es fällt schwer, einzuschätzen, wie weit entfernt der Schatten eigentlich ist, weshalb wir ihn in seiner Größe vollkommen überschätzen. Was in Jordans Bericht fehlt (in Coleridges Gedicht aber von zentraler Bedeutung ist), ist der interessanteste Aspekt dieses Phänomens überhaupt, nämlich genau das, was die seltsame Erscheinung so unheimlich macht: die Glorie, ein farbiger Lichtkranz rund um den Kopf des wabernden Riesen. Brockengespenster haben in denen, die ihnen begegnen, oft Angst und Schrecken ausgelöst. Es finden sich kaum Berichte, in denen der Betrachter am Ende nicht begreift, dass die seltsame Gestalt die eigenen Bewegungen imitiert, und doch mussten sie manchmal als eine irdische Erklärung für das Erscheinen von Engeln herhalten.

Die Glorie selbst entsteht dadurch, dass sich das Licht in den winzigen Wassertröpfchen des Nebels bricht, also ganz ähnlich wie bei einem Regenbogen. Ihr Mittelpunkt liegt genau gegenüber der Sonne, die sich direkt hinter dem Betrachter befindet. Die Glorie wirkt wie ein Heiligenschein, weil unser Blick sie um unseren Kopf platziert, sie ist kein losgelöstes, in den Wolken schwebendes Phänomen. Wenn mehrere Menschen auf einmal bei günstigen Wetterbedingungen unterwegs sind, sehen sie mehrere Brockengespenster, aber jeder einzelne sieht nur eine Glorie, nämlich die um seinen eigenen Schatten.

Ich habe immer davon geträumt, selbst mal ein Brockengespenst zu sehen. Eins meiner Lieblingsbücher als Kind war das Sachbuch *Rätselhafte Geister und Gespenster*, in dem das Brockengespenst als ätherisches Wesen auftauchte, das sich über die Landschaft streckt. Es ging mir mit diesem Phänomen genau wie mit allen anderen, die in dem Buch geschildert wurden: Ich hatte panische Angst, so etwas je zu begegnen, und hoffte gleichzeitig inbrünstig, genau das möge mir passieren. Als ich älter wurde, verstand ich die wissenschaftliche Erklärung, aber den Augenzeugenberichten, die ich las, entnahm ich, dass eine Begegnung mit einem solchen Gespenst mein analytisches Gehirn überfordern und mich glauben machen würde, dass in den Bergen ätherische Wesen patrouillierten. Als ich dann irgendwann endlich mal ein Foto von einem Brockengespenst sah, war die Faszination längst erlahmt. Mit dem Internet landeten zahllose von heutigen Wanderern geschossene Fotos bei mir, meist ziemlich unscharf, aufgenommen mit Handys und den allerersten Digitalkameras. Diese Bilder waren natürlich einerseits bestechend, aber gleichzeitig zeigten sie nichts als einen dreieckigen Schatten mit regenbogenbunten Haaren. Mir war völlig unbegreiflich, wie man bei einer Sichtung dieses Phänomens im echten Leben länger als zwei Sekunden glauben konnte, es handele sich dabei um etwas Übersinnliches.

In seinem Buch *Erinnerungen, Träume, Gedanken* beschreibt Carl Gustav Jung einen Traum, den er als Achtzehnjähriger hatte und in dem er mit einem Lichtlein durch neblige Landschaft ging. Er hatte das Gefühl, verfolgt zu werden, drehte sich um und sah »eine riesengroße schwarze Gestalt« hinter sich. Als er aufwachte, war ihm sofort klar, dass das ein Brockengespenst gewesen war, »mein eigener Schatten auf den wirbelnden Nebelschwaden«. Das Brockengespenst ist ein von uns selbst fabrizierter Geist, die buchstäbliche Projektion unserer dunklen Seite auf eine instabile Oberfläche. Wenn wir die Hand heben, hebt auch das Gespenst die Hand, mit dem Unterschied, dass es bei dem Gespenst aussieht, als würde es fast den Himmel berühren. Wenn wir gehen, geht auch das Gespenst, mit dem Unterschied, dass das Gespenst über Berge hinwegschreitet, während wir über Felsen stolpern. Das Gespenst ist unser eigenes Ich, nur bedeutsamer, es trägt eine Glorie um seinen Kopf, als würde es die Antworten auf die Rätsel des Universums kennen. Das Gespenst ist unser eigenes Ich, nachdem wir zur anderen Seite übergegangen sind, es trägt den engelhaften Lichtkranz, der die Toten und die, denen verziehen wurde, auszeichnet. Das Gespenst ist auch der Schatten unseres Ichs, im Großformat auf den Wolken. Wenn wir diesen Dingen zufällig begegnen, warum halten wir nicht kurz inne und laben uns an ihrer Kraft, bevor wir versuchen, sie rational zu erklären?

Wir können ganz genau wissen, wie diese Phänomene zustande kommen und uns trotzdem mesmerisieren, wie wir uns in Bann ziehen lassen von ihrer Unheimlichkeit. Wir können den Unglauben suspendieren und derlei Erlebnisse als Brücken zu anderen Bewusstseinsformen nutzen. Wir können beides in uns tragen und keinerlei Reibung dazwischen spüren. Es liegen fast dreihundert Jahre alte westliche Berichte von Brockengespenstern vor (und noch viel ältere aus buddhistischen Klöstern), und in so gut wie jedem einzelnen fragt sich der Berichtende, wie es zu diesem Phänomen kommt. Unsere Vorfahren bewegten sich viel agiler durch die Welt, sie tanzten zwischen dem, was sie beobachten, und dem, was sie konstruieren konnten, sie spannen sich auf ihrem Weg durch die Wildnis alles Mögliche zusammen. Wir glauben, seither weitergekommen zu sein, aber in Wirklichkeit haben wir verlernt, mit dem komplexen Zusammenspiel von symbolischem und rationalem Denken, von Naturwissenschaft und Zauber umzugehen. Beides ist auf seine Weise magisch, unglaublich, Ehrfurcht auslösend. Da, wo einst ein wunderbares Ökosystem florierte, ist jetzt die Stille einer durcherklärten Welt.

*

Ich hege die Hoffnung, eines Tages mein eigenes Brockengespenst zu sehen. Leider bin ich aber für die dafür offenbar nötigen Berghöhen gänzlich ungeeignet. Schon bei meiner ersten Bergwanderung als Pfadfinderin drehte sich irgendwann alles um mich, und ich hätte um ein Haar wieder heruntergetragen werden müssen ... Das empfindliche Gleichgewicht der Flüssigkeit in meinen Ohren wird in der Höhe nämlich komplett gestört ... Mein Gespenst müsste sich mir also wohl am Meer auf einem Kliff zeigen, wenn hinter mir die Sonne aufgeht. Dazu müsste ich mich natürlich zum richtigen Zeitpunkt im Jahr zur richtigen Tageszeit auf dem richtigen Kliff befinden.

Im Laufe meiner Recherche nach jüngeren Berichten von Brockengespenstern stieß ich dann aber auf einen Ort in Yorkshire. An der Grenze zwischen Burley Moor und Ilkley Moor war das Phänomen mehrfach gesichtet worden, die Bedingungen dort scheinen perfekt zu sein: An kalten Morgen bildet sich Nebel, auf den die niedrigstehende Sonne eine schräge Silhouette werfen kann. Ich bezweifle, auf diese Weise mein eigenes Gespenst zu Gesicht zu bekommen – immerhin ist Yorkshire sechs Autostunden von meinem Wohnort entfernt, und die genauen Wetterverhältnisse sind nur schwer vorauszusagen. Aber ich will trotzdem da hin. Ich will an einen Ort, an dem schon mal Gespenster gesehen wurden.

Von Burley Woodhead aus marschieren meine Freundin Kate und ich eines frühen Morgens los zu den Mooren. Kate ist Autorin, in Yorkshire geboren und aufgewachsen, und erforscht in ihrem Schreiben oft, was es bedeutet, Nordengländerin zu sein. Ich bin einfach nur ein begeisterter Gast, und zwar nicht zum ersten Mal. Ich liebe Yorkshire. Früher haben wir jedes Jahr Silvester dort verbracht, einfach nur, um die großartige Landschaft möglicherweise mit Schnee zu sehen. Ich glaube nicht, dass Yorkshire mit seinem Selbstvermarktungsslogan »God's own country« – »Land Gottes« – so sehr danebenliegt. Groß genug ist es jedenfalls, und es ist von karger und ernster Schönheit, wie es für ein Wesen, das die komplette Schöpfung erdacht hat, angemessen ist.

Heute ist das Moor bedeckt von gedämpft lilafarbener Heide, der Himmel wirkt bedrohlich. Auf unserem Weg von der Straße zum Dales Way, dem Fernwanderweg, freue ich mich, endlich wieder eine Karte in der Hand zu haben. Kate und ich überlegen, wie lange wir uns nicht gesehen haben. Muss wohl drei Jahre her sein. Seitdem hat sich alles verändert – aber zwischen uns ist alles beim Alten geblieben. Obwohl Kate ständig und alles liest, habe ich keine Hemmungen, ihr zu erzählen, dass ich derzeit nicht lesen kann. Ich weiß, sie begreift, welchen Verlust das für mich darstellt.

Beim Anstieg fällt mir auf, dass Kate ziemlich schnauft. Asthma, sagt sie. Leider hat sie seit ihrer Covid-Infektion wieder damit zu kämpfen, und heute bekommt sie mal wieder nicht genug Luft. Wir drosseln das Tempo, sie atmet langsamer. Ich bin nicht die Einzige, die versucht, mit den Nachwirkungen von etwas klarzukommen, das mich verändert hat. Mein Verlust ist überschaubar, und ich werde ganz sicher darüber hinwegkommen. Dann endlich erreichen wir die Kuppe, und die Welt breitet sich vor uns aus. Das Moor strotzt nur so vor Leben. Richtung Nordosten ist die dunkle Wolkendecke aufgerissen, in einiger Entfernung liegt eine Stadt in der Sonne.

Vor uns sehen wir das Ziel unserer heutigen Wanderung: Cow and Calf, eine Felsformation aus grauem Sandstein. Wir überqueren einen Bach, aus dem ich etwas Wasser für uns filtere, damit wir diesen Ort auch buchstäblich in uns aufnehmen können. Das Wasser ist weich und köstlich und einem trockenen, bergunerfahrenen Mund höchst willkommen. Ich versuche, Kate zu erklären, was es mit mir macht, wenn ich auf einer Wanderung frisches Wasser trinke, wie sehr mich das stärkt und wie ich mich der Landschaft dadurch noch verbundener fühle. Der Norden Englands ist bekannt für seinen Pragmatismus, und ich fürchte, hier könnte man meinen, ich hätte in den letzten Monaten und Jahren etwas zu viel Zeit mit mir allein verbracht. Aber das macht nichts. Wir reden ohnehin kreuz und quer über alles zwischen Himmel und Erde. Wir sind zusammen ganz oben, mit müden Beinen, und unsere Geschichten umgeben uns und verbinden sich miteinander. Alles ist erlaubt. Alles wird verstanden.

Mir ist nicht ganz klar, wie und wo sich hier Brockengespenster zeigen können sollen, doch dann entdecke ich in Richtung Westen eine Art Abbruchkante, hinter der sich eine enorme Senke ausbreitet. Heute ist sie wie der Rest des Moores angefüllt mit Farn und Heide, aber ich kann mir gut vorstellen, wie sich hier an einem kalten, klaren, stillen Morgen Nebel bildet und für Schauerstimmung à la Yorkshire sorgt. Dann kann man seinen eigenen sich durch die wilde Natur stehlenden Schatten für alles halten. Und bestimmt würde mein Schatten auch in mir eine Art Urinstinkt ansprechen.

Wir klettern auf die Felsen, lassen uns mit unserem Tee darauf nieder und blicken hinunter auf die Stadt. Aus der Nähe sind die Felsen viel lebendiger, als ich erwartet hatte: Überall haben sich erstaunlich gut ausgerüstete Wanderer mit Namen und Daten im weichen Sandstein verewigt. Die meisten Graffiti stammen aus der viktorianischen Zeit und sind bemerkenswert akkurat. In einwandfreier Schönschrift stehen hier die Robinsons und MacDonalds, die Marschalls und die Bramleys, die Ogdens und die Lovells – wobei ein Missetäter alle seine großen N falsch herum geschrieben hat. Diese Leute sind alle vor hundertfünfzig Jahren hier hochgestiegen und wollten ihre Namen für die Ewigkeit festhalten. Erst später erfuhr ich, dass es hier auch Schnitzereien aus der Bronzezeit gibt, die allerdings überdeckt werden von den vielen neueren Kritzeleien. Hätte ich das vorher gewusst, hätte ich viel lieber danach Ausschau gehalten als nach meinem eigenen Gespenst.

Aber jetzt erzähle ich Kate erst mal, dass wir in der Schule, wenn es sich der Musiklehrer leichtmachen wollte, ein altes Volkslied über diesen Ort sangen: »On Ilkla Moor Baht'at«. Darin wird ein junger Mann dafür gescholten, dass er sich *baht'at* – Dialekt für »ohne Hut« – mit einem Mädchen auf den Weg ins Moor macht. Es heißt, er werde sich den Tod holen vor Kälte, und das werde schreckliche Folgen haben: Erst würden die Würmer ihn fressen, dann die Enten die Würmer. Und am Ende würden seine Freunde die Enten essen, was wiederum bedeutete, dass – frei übersetzt – »wir alle dich gegessen haben … Ätsch.« Ich verstehe nicht, warum man so hämisch auf eine kleine Unterlassungssünde reagieren muss. Wir haben doch bestimmt alle schon mal in jugendlichem Leichtsinn vergessen, uns warm genug anzuziehen. Aber darum geht es vielleicht gar nicht. Das Moor von Ilkley ist voller Leben und Tod, und wer es durchwandert – und dabei seine Enten isst oder sein Wasser trinkt – wird automatisch Teil seines Kreislaufs. Kein Wunder, dass unsere Vorfahren ihre Namen in die Felsen ritzen wollten.

Als ich durch die stolze Landschaft Yorkshires zurück nach Kent fahre, habe ich das Gefühl, wieder etwas mehr im Gleichgewicht zu sein. Ich hatte viel zu viel Zeit in meinem Kopf verbracht, und da war es ganz schön neblig gewesen. Im Rückblick war der Nebel vielleicht nötig. Denn wenn so wunderbare Dinge wie Brockengespenster auf Nebel projiziert werden können, dann kann er ja vielleicht auch als Leinwand für das flimmernde neue Ich dienen, wie ich es mir vorstelle.

Hinter diesen inneren Nebelschwaden habe ich etwas gefunden, das ich aus mir herauslassen muss: Einen kleinen, kauernden Schatten, der mir sagt, ich sei doch doof, ständig und überall Zauber zu sehen, und dass ich mich damit lächerlich mache. Aber die Brockengespenster haben mir gezeigt, dass ich mich sehr wohl zwischen nüchterner Rationalität und eigenwilligen Deutungen bewegen kann – Deutungen, die dem allen vielleicht zu einem tieferen Sinn verhelfen. Natürlich müssen wir diese Schatten nicht partout zu etwas Zauberhaftem, Magischem verklären. Wir könnten es auch ganz einfach bei der nüchternen Erklärung belassen. Aber ich bin inzwischen davon überzeugt, dass die Menschen zu mehr in der Lage sind: In ihnen ist Raum für eine weitere Schicht von Erfahrungen, für mehr Tiefe im Verstehen. Und es ist mir unbegreiflich, warum wir uns nicht auf sie einlassen.

Hegen und Pflegen

Es ist frühes Frühjahr, ich bin wieder in der Schule, aber dieses Mal ohne Mappen und Bücher, Lineal und Textmarker. Ich versuche, durch meine Hände etwas zu lernen. Das kenne ich so nicht, und alles in mir verlangt danach, auf dem weißen Blatt Papier einen Rand zu ziehen und alles, was der Lehrer sagt, in meiner unordentlichen Handschrift aufzuschreiben, am besten wortwörtlich. Aber darum geht es heute nicht.

Damit hatte ich schon mal meine Probleme. In meiner allerersten Semesterwoche saß ich in der Einführungsvorlesung eines berühmten Soziologen. So berühmt, dass von uns große Ehrfurcht erwartet wurde – was praktisch unmöglich ist, wenn man nicht weiß, wen man da vor sich hat.

»Sie brauchen nicht mitzuschreiben«, sagte er. »Ich möchte, dass Sie zuhören.«

Ich schrieb trotzdem mit. Zuhören war mir nicht sicher genug. Alles, was man hört, verflüchtigt sich irgendwann. Ich wollte das neue Wissen festhalten, und darum schlug ich meinen Notizblock auf und fing an zu schreiben. Ich hatte das Pech, in der ersten Reihe zu sitzen, aber alle anderen Plätze waren bereits besetzt gewesen, als ich auf den letzten Drücker ziemlich abgehetzt in den Hörsaal kam, weil ich wieder mal nicht in der Lage gewesen war, eine Karte zu lesen. Der Dozent hielt zwei neue Zeitungen hoch, sagte, dass diese die Schlüsselthemen der Soziologie repräsentierten – ich kann mich nicht er-

innern, welche das waren –, und lief dabei umher wie ein Mata-
dor in der Arena. Dann unterbrach er seinen Auftritt ganz kurz:
»Wie gesagt, Sie brauchen nicht mitzuschreiben.« Er grinste.
»Das ist nicht prüfungsrelevant.«

Er sagte das an alle gerichtet, und alle lachten. Ich legte meinen Stift eine Weile beiseite und versuchte, zuzuhören, aber
ich konnte nicht. Stillsitzen und Informationen in mich aufnehmen sind für mich zwei Dinge, die nicht Hand in Hand gehen. Ich musste etwas Aktives tun, damit sich meine Konzentration weiter auf das richtete, was gesagt wurde, und nicht auf
meinen Körper. Ich musste das Gesagte aufschreiben – oder
aufstehen und im Hörsaal auf und ab gehen. Ich war mir sicher,
dass ihm Letzteres nicht passen würde, und außerdem listete
er jetzt einige Titel von Essays auf und erklärte, wie die Hausarbeiten auszusehen hatten. Er ging mit uns eine Leseliste
durch, von der er sagte, dass das College sie uns zugeschickt
haben müsste. Bei mir war sie nicht angekommen.

Panisch machte ich mich wieder daran, mitzuschreiben, jeden Titel zu notieren und jeden Namen, wie ich ihn mir zu-
rechtreimte, in der Hoffnung, ihn mit ein bisschen detektivi-
schem Spürsinn später im Bibliothekskatalog wiederzufinden.
Ich war völlig vertieft in diese für mich dringende Angelegenheit, als ich plötzlich den Luftzug spürte, den jemand verursacht, wenn er auf etwas zustürzt. Und da schlug auch schon
eine flache Hand auf meinem Block auf und fegte meinen Stift
beiseite.

»Ich sagte, *Sie brauchen nicht mitzuschreiben*«, sagte der Dozent, dieses Mal ohne jede Spur von Humor. Die anderen lachten trotzdem.

Wahrscheinlich habe ich daraus nicht das gelernt, was er

wollte. Ich dachte nicht: *Oh, ich muss mich von diesem Zwang befreien, jeden Fitzel neue Information auf Papier zu bannen.* Stattdessen strengte ich mich nur noch mehr an. Für mich ist Schreiben eine Möglichkeit, die luftige Natur der Gedanken in etwas Beständiges zu verwandeln. Ich kann meinen Notizblock aufschlagen und die Gefühle verfestigen, die sonst lose in meinem Kopf umherschwirren, unklar, wandelbar. Es handelt sich dabei um einen notwendigen Akt des Ankerns. Ich bereue nicht im Geringsten, versucht zu haben, mich an die unbekannte Sprache meines neuen Faches zu binden, indem ich alles aufschrieb, und auch sonst bereue ich seither nur wenig. Mein einziges Problem ist, die vielen Gedanken wiederzufinden, die ich so sorgfältig auf Tausenden von Seiten festgehalten habe. Außerdem fürchte ich, dass eines Tages der Dachboden unter dem Gewicht der vielen Notizblöcke nachgeben wird, die ich auf ihm verstaut habe.

Hier und heute aber sitze ich ohne Notizblock, ich muss ihn vergessen haben, und das heißt, ich muss ohne mein übliches Rettungsboot zurechtkommen. Der Kursleiter packt seine Ausrüstung aus und erklärt uns, wie sie verwendet wird, welche unterschiedlichen Formen sie annehmen kann. »Ich freue mich, dass niemand mitschreibt«, sagt er. »Heute geht es einzig und allein darum, zu erfahren.« Da ich meinem eigenen Gedächtnis nicht traue, mache ich wenigstens Fotos, wie auf meinen Spaziergängen. Die kann ich mir hinterher noch mal ansehen und dann immer noch was notieren.

Er sieht aus dem Fenster. »Es hat aufgehört zu regnen. Dann können wir jetzt ja rausgehen und uns die Bienen anschauen.«

Die Bienen sind der Grund dafür, dass ich hier bin: Ich will so gerne dabei sein, wenn ein Stock geöffnet wird, will aus nächster Nähe sehen, wie sie fleißig Honig produzieren. Ich träume schon lange davon, im eigenen Garten Bienen zu halten, aber nicht weil ich so gerne Honig esse, sondern weil ich gerne mehr über Bienen lernen, ihr geheimnisvolles Wissen über die Luft verstehen möchte. Aber ich glaube, mein Garten ist zu klein dafür. Den Bienen wäre das sicher egal, aber den Nachbarn vielleicht nicht. Ich bin nicht sicher, ob andere Leute Bienen genauso gerne mögen wie ich. Immerhin wurde ich in den letzten Wochen vor diesem Bienen-Kurs mehr als einmal gefragt: »Hast du denn keine Angst, gestochen zu werden?«

Ich habe heute bereits gelernt, dass man in kleinen Stadtgärten wie meinem durchaus Bienen halten kann – wenn man einen knapp zwei Meter hohen Zaun errichtet. Das zwingt die Bienen erst einmal in eine gewisse Flughöhe und damit über die Köpfe der meisten Menschen, bevor sie auf der Suche nach Blumen in die benachbarten Gärten ausschwärmen. Mein Plan B ist, die Bienenbeute auf dem Dach meines Gartenbüros zu platzieren, von dessen Errichtung ich immer träume. Was auch immer ich tue, ich muss es mit Entschiedenheit tun. Wenn man so einen Bienenstock erst einmal aufgestellt hat, so unser Kursleiter, kann man ihn nur noch fünf Zentimeter oder fünf Kilometer verschieben, aber nichts dazwischen. Die Navigation einer Honigbiene ist so präzise, dass sie nicht in der Lage ist, einen Stock wiederzufinden, der ein paar Meter weiter ans andere Ende des Gartens befördert wurde.

Ich steige in den riesigen weißen Imkeranzug mit den sehr engen Gummizügen an Händen und Füßen. Die Hosenbeine stecke ich sorgfältig in meine Gummistiefel. Ich muss luftdicht – oder zumindest bienendicht – verpackt sein, damit kein aufgebrachter Hautflügler es hinter meine einzige Verteidigungslinie schafft. Dann wird per Reißverschluss noch eine Haube angebracht. Das Netz darf das Gesicht nicht berühren, weil die Bienen dann hindurchstechen könnten. Nicht, dass die Bienen, die wir uns heute ansehen, aggressiv seien, sagt der Kursleiter. Aber manchmal ... hin und wieder ... Er rät uns, wenn wir mal so weit sind, freundliche Bienen anzuschaffen – am besten Buckfast, die für ihr sanftes Gemüt bekannt sind – und stets ein Auge auf ihr Verhalten zu haben, für den Fall, dass sie sich mit unerwünschten Nachbarvölkern mischen. Dann endlich streifen wir uns die Stulpenhandschuhe über und marschieren über feuchte Wiesen.

Wir nähern uns einer Hecke, vor der drei Standard-Bienenbeuten aus Holz stehen. Bienen sehen wir nur wenige. Es fängt an zu nieseln, und Bienen hassen Regen. Sie haben sich alle nach drinnen verzogen. Bevor wir sie stören, müssen wir die Smoker vorbereiten. Ganz unten in den nach oben konisch zulaufenden Edelstahlgefäßen befindet sich getrocknetes Gras, und wir bekommen gezeigt, wie wir das anzünden. Der Rauch verhindert, dass die Bienen Pheromone wittern, was sie vor Eindringlingen warnen würde. Dadurch vergessen die Bienen, dass sie jemanden angreifen müssten, und dringen nur tiefer in die Beute ein und kümmern sich um ihren Honig. Der Kursleiter hebt den obersten Kasten an, und da sind sie: die Holzrahmen voller Waben, voller Bienen.

Er bläst etwas Rauch auf den Rahmen, und alle Bienen, die sofort empört aufgestiegen waren, um uns abzuwehren, lassen sich besänftigt wieder auf die Waben herab. Ein helles Heulen ist zu hören, der Sound von fünfzigtausend ziemlich zufriedenen Immen.

»Hört mal ganz genau hin«, sagt er und zieht ein Imkerwerkzeug aus der Tasche, irgendwas zwischen einem Haken und einem Brecheisen, und hebt damit geschickt einen Waben-rahmen heraus. Das Summen im Bienenstock wird lauter und aggressiver.

»Alles gut«, sagt er und bläst wieder Rauch.

Einer nach dem anderen dürfen wir nach vorn treten und die Bienen umsorgen. Ich beobachte alle, die vor mir dran sind, und meine Hände halten es kaum noch aus, sie wollen selbst zupacken und lernen. Als ich dran bin, trete ich an die Beute heran und kann die Wärme spüren, die von ihr ausgeht. Unbe-holfen setze ich das Werkzeug an einem Rahmen an und löse mit einem klebrigen Knacken die eine Ecke. Als Kleister wirkt hier nicht Honig, sondern Propolis, jene Masse, die Bienen aus Baumharz herstellen und die sie einsetzen, um den Stock zu-sammenzuhalten, ihn wasserdicht zu machen und vor Bakte-rien und Sporen zu schützen. Sie riecht ein klein wenig anti-septisch und nach der Sicherheit des Waldes. Ich setze das Werkzeug an der anderen Ecke des Rahmens an, und das Sum-men im Inneren schwillt wieder an. Sie sind so laut, wenn sie alle gemeinsam summen, und der Duft von Honig und Propo-lis, der Rauch, das Vibrieren der Holzkästen unter meinen Hän-den, das alles, diese Interaktion zwischen Mensch und Biene fühlt sich so absolut an. Mir ist, als könnten wir miteinander kommunizieren, wenn auch lückenhaft.

Ich weiß, ich übertrage etwas, wenn ich ihnen ganz ruhig und bestimmt begegne. Ruhige Hände geben ihnen Sicherheit. Also hebe ich den Rahmen heraus, als wüsste ich ganz genau, was ich tue, und stelle erstaunt fest, wie schwer sie sind, diese federleichten Wesen, die durch die Lüfte fliegen, aber in Scha-ren doch gewichtig werden. Ihre bernsteinfarbenen Körper reiben sich aneinander, während sie an den sechseckigen Zellen arbeiten. Der Kursleiter zeigt mir den bereits für den Winter versiegelten Honig; den unversiegelten Nektar, der noch zu flüssig ist für Honig; die gewölbten Waben, in denen Drohnen und Arbeiterinnen sich verpuppen. Etwas später hebt ein anderer Kursteilnehmer einen Rahmen heraus, auf dem eine Arbeiterin sich gerade durch die wächserne Decke nagt und schlüpft. Aber hier, auf meinem Rahmen, ist alles ganz ruhig. Ich drehe ihn um – wieder dieses Gewicht, so schwer, dass ich fürchte, ich werde alles fallen lassen – und inspiziere die andere Seite.

Die Bienen werden langsam unzufrieden, sie fliegen senkrecht nach oben, schnurgerade, wie an Drähten. Zeit, sie in Ruhe zu lassen. Sehr, sehr vorsichtig stecke ich den Rahmen zurück in den Kasten und trete beschwingt zurück. Ich habe heute so viel über Bienen gelernt, aber kaum Fakten. Das meiste geht ein in mein Körpergedächtnis. Das meiste habe ich in einer Tonlage und Intensität eines Summens verstanden, das ich in keinem Notensystem finden kann. Das meiste ist wechselseitig, ein konzentriertes Geben und Nehmen, stumme Fürsorge.

*

In ihrem Buch *Geflochtenes Süßgras* spricht die amerikanische Ureinwohnerin und Botanikerin Robin Wall Kimmerer sich dafür aus, zu einem indigenen Verständnis der Welt zurückzukehren, das auf behutsamer Verantwortung, profundem Wissen und steter Wechselseitigkeit beruht. Wenn wir im Detail Bescheid wissen über die Orte, die wir bewohnen – wenn unsere Hände sie begreifen und unsere Füße sie beschreiten –, dann treten wir ein in einen für beide Seiten positiven Austausch. Wir lernen, diesen Orten zuzuhören, ihre Sprache zu verstehen und ihnen so zu antworten, dass sie uns verstehen können. In dieser Begegnung geht es nicht einfach um Transaktion, sondern um viele kleine gegenseitige Gaben. Es liegt ein Zauber darin, ein Glaube daran, dass alle Natur, belebt wie unbelebt, Gefühle hat. Und der Ruf danach, jenes Staunen darüber, wie das alles funktioniert und fließt, niemals aufzugeben.

Verantwortung können wir erlernen, indem wir uns mit unserer Landschaft vertraut machen, indem wir lernen, sie und dabei gleichzeitig uns selbst zu umsorgen. Auf diesem Gebiet haben wir alle leider viele Fähigkeiten verloren. Den amerikanischen Ureinwohnern wurden diesbezügliche Bräuche mit Gewalt entrissen, sie leben bis heute mit diesem Verlust. Meiner Community sind diese Begabungen aufgrund ihrer Gleichgültigkeit abhandengekommen. Wir befanden die aus kleinen, präzisen Gesten bestehenden Fähigkeiten für unwichtig und ließen uns entgleiten. Doch jetzt, da sie weg sind, ist es schwer, sie wiederzuerlangen. Sie sind Teil eines engmaschigen Geflechts aus Intuition und Können, und es würde ein ganzes Leben dauern, sie wieder neu zu erlernen. Vom richtigen Halten eines Schälmessers bis hin zum Lesen des Wetters. Vom Wissen über die Eigenschaften verschiedener Holzarten bis zum Wissen darüber, wie man Nahrungsmittel konserviert.

Es geht dabei nicht einfach nur um Wissen, sondern auch um Wollen. Wir haben vergessen, wie das geht, lieber ein gutes Kleid zu besitzen als fünfzig Wegwerfmodelle. Wir haben vergessen, uns mit jeder Jahreszeit auf neue Nahrungsmittel zu freuen. Wir müssen lernen, wieder mehr mit unseren Händen zu wissen als mit unseren Köpfen.

*

Immer wieder finde ich, dass ich großes Glück hatte, bei meinen Großeltern aufzuwachsen, wo die Zeit mehr oder weniger in den 1940ern stehengeblieben war. Ich nahm eine Sehnsucht nach dem in unterschiedlicher Façon in ihrem Haus wohnenden Frieden in mich auf und ein Faible für all die Dinge, die dort heiliggehalten wurden. Die Zeit verging dort langsamer. Die Nachmittage waren lang. Mit allem, was wir hatten, wurde sorgfältig umgegangen, alles wurde repariert. Selbst anderen Leuten in meinem Alter kann ich heute nur schwer erklären, welche Aufregung immer dann herrschte, wenn mein Großvater ein neues Gemüse aus dem Garten ins Haus brachte. Bis heute ist für mich der Anblick von frisch geerntetem Wirsing etwas ganz Besonderes – seine gekräuselten Blätter, auf denen Wassertropfen liegen wie feine Perlen.

Ich lebe kein so reduziertes Leben wie meine Großeltern. Ich schätze die Monotonie nicht so sehr wie sie. Aber ich habe offenbar ein paar Fähigkeiten mitgenommen, die mich immer mehr ansprechen, je älter ich werde. Ich kann ein Loch im Pulli stopfen, ohne dass man es sieht. Ich kann einen Knopf so annähen, dass er dranbleibt. Ich kann einen Wiesenchampignon bestimmen und ohne Rezept einen Kuchen backen. Ich kann Kriechen von Schlehen unterscheiden und Gemeine Hasel von Lambertshasel; ich kann genau den richtigen Zeitpunkt zum Pflücken von Brombeeren abschätzen. Das mögen Kleinigkeiten sein, winzige Fähigkeiten, aber ich habe sie, und ich bin wild entschlossen, sie weiterzugeben. Das Tollste an ihnen ist nicht die Fähigkeit selbst, sondern die sie umgebende Kultur. Die Brombeeren und Kriechen möchten gefragt werden, bevor man sie von den Zweigen pflückt. So erfährt man, ob sie reif sind. Man nimmt nur, was man braucht, verwandelt es in etwas

Gutes und verschenkt einen Teil davon. Schließlich hat man es selbst geschenkt bekommen. Es wäre selbstsüchtig, nichts davon weiterzugeben.

Wenn ich diese Dinge erkläre, komme ich mir vor wie eine Anthropologin, die eine ferne Kultur beschreibt, von der wir im Westen noch nie etwas gehört haben. Das liegt daran, dass diese Gesetze des Lebens nie dafür gedacht waren, laut ausgesprochen zu werden. Sie sollten durch Beobachten und Tun weitergetragen und nie auf etwas so Plattem wie einem Blatt Papier festgehalten werden. Die allermeisten Menschen im Verlaufe der Geschichte haben die Dinge durch Nachahmung gelernt. Noch eine Fähigkeit, die wir uns unbedingt wieder aneignen sollten.

Als der mikronesische Meisternavigator Mau Piailug 2010 starb, nahm er viel von seinem Wissen mit sich. Mau hatte gelernt, sich auf dem Meer an den Sternen, am Wind und an den Wellen zu orientieren; Wasser und Licht sprachen mit ihm. Sein Großvater brachte ihm anhand eines aus Kieseln am Strand gelegten Kompasses schon als Kleinkind bei, wo welche Sterne stehen. Aufgeschrieben werden durfte das nie. Die Vermittlung, das Lernen dauerte viele Jahre und war flexibler als alles, was je in Textform festgehalten wurde. Auf diese Weise kannte Mau weit über hundert Sterne, er wusste, wo sie auf- und untergingen und wohin sie führen konnten. 1976 nutzte er dieses Wissen, um alleine von Hawaii nach Tahiti zu fahren, eine Seereise von zweieinhalbtausend Meilen, von der Archäologen vermuteten, dass sie von antiken Seefahrern unternommen worden war. Mau bewies, dass das möglich war – und setzte damit eine regelrechte Bewegung in Gang, mit der versucht werden sollte, sein außergewöhnliches Wissen zu bewahren.

Um jedoch das Überleben seines Wissens zu sichern, musste er seinen Schülern ein großes Zugeständnis machen: Er musste sie alles aufschreiben lassen.

Ich will damit nicht sagen, dass wir alles, was wir in unserer modernen Zeit gelernt haben, jetzt wieder ablegen und in vermeintlich simplere Zeiten zurückkehren sollten. Wir haben nie alles richtig gemacht, und die Zeit, in der wir jetzt leben, ist voller wundersamer Möglichkeiten, um zusammenzukommen und sich anzupassen. Aber es ist Zeit für eine Inventur. Wir sind, soweit wir konnten, weggelaufen von den Härten früherer Zeiten, und jetzt müssen wir zu einem Gleichgewicht finden zwischen dem, was wir wissen, und dem, was wir wussten. Wenn wir die grundlegendsten Bereiche unseres Lebens – unser Essen, unsere Gebrauchsgegenstände, unsere Wohnbereiche – wieder mit Zauber belegen, dann können wir die Verbindung zwischen unserem Körper und dem Land wiederherstellen. Aber das geht nicht auf abstrakte Weise. Wir müssen lernen, mehr Sorge zu tragen für Dinge, die wirklich wichtig sind.

*

Ich stecke wieder in Imkeranzug und Stiefeln und achte darauf, dass das Netz nicht mein Gesicht berührt. Derselbe Geruch nach Rauch und Propolis, dasselbe emsige Summen. Ich bin ungeduldig, ich will endlich wieder einen Rahmen aus dem Kasten heben und darauf die Bienen und ihre Waben inspizieren, die Menge des Honigs schätzen und die Beschaffenheit der Brutzellen betrachten. Vielleicht bin ich etwas eifriger als die anderen Teilnehmer und etwas angstfreier, was die Bienen mir antun könnten. Ich habe bereits gelernt, ihnen zu vertrauen. Nur mir selbst vertraue ich immer noch nicht so ganz.

Als ich mich zu diesem Imkerkurs anmeldete, dachte ich, anschließend sei ich sofort so weit, meine eigenen Bienen zu halten. Ich dachte, ich würde mir eine Beute bestellen, einen Imkeranzug und ein Kilo Bienen (ja, die werden nach Gewicht verkauft und per Post geschickt) und dann damit loslegen, selbst Honig zu produzieren. Das könnte ich natürlich auch immer noch tun, aber mir wird jetzt klar: Das ist es nicht, was ich will. Bei der Imkerei handelt es sich um ein Handwerk, ein labyrinthisches Wissen, das man sich am besten von anderen beibringen lässt. Ich will es langsam angehen, will alles durch Haut und Ohren in mich aufnehmen und hin und wieder gestochen werden. Ich will wirklich richtig Ahnung haben, bevor ich alleine weitermache, und es gibt so viele Leute, die mir gerne etwas beibringen wollen. Es scheint hier eine andere Art von Gemeinde zu geben, die anderen Dingen huldigt. Ich möchte viel lieber ein Teil von ihr werden, als allein mein eigenes Ding zu machen.

Der Imker, der mir heute etwas beibringt, teilt Latexhandschuhe aus – die eignen sich besser für Bienen, sagt er. Ganz ohne Handschuhe würden die Bienen sich aufgrund des Geruchs in Schwärmen auf die Hände stürzen. Aber die dünnen Handschuhe reichen als Schutz vollkommen aus. Diese Bienen hier sind vertrauenswürdig, sie wollen nicht stechen. Wenn man sie mit Respekt behandelt, verstehen sie, dass man keine Bedrohung darstellt. Mir wird klar, dass jeder Imker seine eigene Philosophie und Herangehensweise hat, dass es nicht nur eine bestimmte Art gibt, das hier zu machen. Ich beobachte das mit Interesse und überlege, was für eine Imkerin ich wohl sein werde, wenn ich das hier alles erst besser kann. Heute kommt weniger Rauch zum Einsatz, darum brummen uns mehr Bienen um die Ohren und krabbeln uns über die Ärmel. Wir alle sind übersät mit Bienen. Sie bilden Muster auf unseren Anzügen, während sie uns Stück für Stück inspizieren wie eine erstaunliche, ihnen noch gänzlich unbekannte Blüte.

»Hier«, sagt er. »Ihr könnt sie anfassen. Vorsichtig. Sie stechen nicht.« Er hält uns einen Rahmen voller krabbelnder bernsteinfarbener Körper hin, die über ihren Zellen zugange sind. Ich halte die flache Hand über sie und spüre ihre Vibration. Dann lege ich vorsichtig die Fingerrücken auf die Bienen und spüre ihre Wärme, ihr Leben, ihre Bewegung. Dann räumen sie das Feld, und ich berühre den Honig, den sie für den Winter in den Waben abgelegt haben.

»Probier mal«, sagt er, und ich öffne unbeholfen den Reißverschluss meiner Haube, um an meinen Mund heranzukommen. Der Honig schmeckt blumig, süß und leicht zitronig, angenehm bitter und viel interessanter als alles, was man im Supermarkt findet. Auch anders als der bereits in Gläser abgefüllte Honig eines lokalen Imkers, den es beim Gemüsehändler zu kaufen gibt. Hier, in diesem Moment, begreife ich dreierlei: wie die Welt für eine Biene schmeckt; dass es Aromen gibt, die so kurzlebig sind, dass man sie nicht abfüllen kann; und was es bedeutet, sein Wissen mit seinem Schwarm zu teilen.

Die Saat alles Existenten

Zu meinem letzten Geburtstag bekam ich eine Karte, in der ein Tütchen mit Wildblumensamen steckte. Ich bin alles andere als eine Hobbygärtnerin. Ich habe keinen hübschen Gartenschuppen, in dem ich jede Menge Samen vom letzten Jahr aufbewahre. Ich ließ das Tütchen auf der Arbeitsfläche in der Küche liegen, und als ich nach einer Woche eine Tasse Tee darauf verschüttete, hätte ich es fast weggeworfen. Aber dann dachte ich mir, kann ja nicht schaden, die Samen im Garten zu verteilen – so bestand immerhin eine kleine Wahrscheinlichkeit von Blumen im Garten, während diese Wahrscheinlichkeit nicht bestand, wenn ich alles in den Müll beförderte. Also streute ich sie aus und hoffte, der Regen würde sie in den Boden spülen.

Immer mehr meiner Freundinnen haben sich im Laufe der Jahre zu veritablen Expertinnen ihrer eigenen Gärten entwickelt. Ich nicht. Was mir ziemlich unangenehm ist. Einerseits habe ich das Gefühl, das wäre bestimmt genau das Richtige für mich, aber andererseits habe ich einfach keinen grünen Daumen. Ich schiebe das immer gerne auf den schweren Tonboden in meinem Garten. Zwar habe ich vor ein paar Jahren tonnenweise Muttererde darauf verteilt (und mein Garten ist winzig), aber der Boden ist immer noch etwas, aus dem eher Blumentöpfe hervorgehen würden als Kartoffeln. Mein einziger Spaten ist verbogen, seit ich versucht habe, ein kleines Loch für einen Farn zu graben. So ist mein Garten: Er verweigert sich jeder Veränderung. Geräte und Geduld werden von ihm überstrapaziert, und was auch immer ich pflanze, es geht aller Wahrscheinlichkeit nach ein. In diesem Boden ist es so gut wie unmöglich, Wurzeln zu schlagen.

Wenn es länger nicht geregnet hat, kann man den Spaten ohnehin vergessen, ganz egal, ob verbogen oder nicht. Der trockene Boden wird steinhart und undurchdringlich. Nach einer Weile bekommt er Risse. Es braucht eine Menge Regen, bis das wieder in Ordnung ist. Ich habe gelernt, dass in meinem Garten Vernachlässigung die beste Strategie ist. Die Pflanzen, die in diesem Garten wachsen, tun das aus freien Stücken, mein Eingreifen ist unerwünscht. Was auch immer ich pflanze, muss kräftige Wurzeln haben. Als die Muttererde aufgebracht wurde, setzte ich jede Menge heimische Hecken-Schösslinge – Birke, Eberesche, Hasel – und überließ es ganz ihnen, sich zu einem Mini-Wald zu entwickeln. Dazwischen setzte ich ein paar Hasenglöckchen-Zwiebeln, die jetzt erst (und nur sehr vereinzelt) sprießen. Alles Weitere beschloss ich dem Garten selbst zu überlassen. Ich kapitulierte. Ich ließ ihn verwildern.

Na ja, fast. Whitstable befindet sich in einem fortwährenden Kampf gegen die Quecke, und auch ich komme nicht umhin, ab und zu regelrechte Teppiche davon herauszureißen, weil sonst alles andere ersticken würde. Auch Winden sind ein Problem. Im Hochsommer kriechen sie mit einer Geschwindigkeit von einem Meter pro Tag über die Terrasse, und sie haben auch schon zwei meiner Schösslinge auf dem Gewissen, nachdem sie sich an ihren dünnen Stämmchen hochgerankt und diese dann auf halber Höhe abgeknickt haben. Inzwischen reiße ich jedes Mal, wenn ich nach draußen gehe, mehrere Hände voll davon heraus. Aber das war es dann auch in Sachen Unkrautjäten. Auf der linken Gartenseite wuchern mehrere Sträucher Wolfsmilch mit ihren limettengrünen Blüten und feuerwerkähnlichen Blättern. Eine hübsche Pflanze, nur ein bisschen viel davon. Aber ich habe über mehrere Jahre versucht, sie auszugraben, und sie ist immer wieder gekommen. Jetzt lasse ich sie in Ruhe, wie auch das Immergrün, das auf der gegenüberliegenden Seite unter meinen Zaun kriecht. Ich mag es nicht, und der Hund knurrt es oft ohne jeden Grund an, aber mir ist aufgefallen, dass es umso kräftiger wächst, je mehr ich es bekämpfe. Also gab ich mich geschlagen.

Besonders gerne mag ich die über die Terrasse hängenden dunkelvioletten Christrosen. Ich hatte sie zusammen mit einigen Vergissmeinnicht gepflanzt, die natürlich alle eingegangen sind, aber die Christrosen sind geblieben. Jedes Jahr schneide ich ein paar ab für die Vase – und jedes Mal bereue ich es sofort, weil sie binnen kürzester Zeit verwelken. Am besten lasse ich sie draußen neben dem silbrigen Wollziest, vermutlich eine Hinterlassenschaft eines Vorbesitzers, und dem riesigen Mutterkraut, das jedes Jahr kräftiger und zahlreicher wird. Genau genommen ist das wohl Unkraut, aber ich mag die krausen Blätter und die kleinen weißen Blüten. Wenn man ein bisschen sucht, findet man außerdem Minze und etwas mickerigen Rosmarin. Ich kann weder die eine noch den anderen davon überzeugen, kräftiger zu wachsen. Dann gibt es noch einiges klebriges Unkraut, das ich ganz gerne mag – es hat etwas Skulpturales und es macht Spaß, Bert damit zu bewerfen – und alle paar Jahre gibt aus mir völlig unerfindlichen Gründen der Borretsch richtig Gas. Das war's. Kein besonders gepflegter Garten, aber die Bienen mögen ihn, und ich auch. Meistens.

Die Wildblumen sind nicht angegangen, jedenfalls nicht, soweit ich das inmitten dieses Wirrwarrs beurteilen kann. Offen gestanden weiß ich nicht, ob ich sie überhaupt hätte identifizieren können. Aber in einer kleinen Gasse keine hundert Meter entfernt von unserem Haus hat irgendjemand so eine Tüte Samen wohl ziemlich fachmännisch in die Erde gebracht. Jedes Jahr im April wachsen auf dem schmalen Erdstreifen neben dem Weg Wildblumen und stehen im Sommer in voller Pracht. Mohnblumen, Kornblumen, Ringelblumen. Nähkisselchen und Natternköpfe. Wilde Möhre, auf Englisch *Queen Anne's lace*, der weiße Doldenblütler mit einer einzelnen roten Blüte in der Mitte, von der es heißt, sie sei ein Tropfen Blut von Queen Anne, als diese sich beim Nähen in den Finger stach. Sobald der Boden warm wird, erheben sie alle sich aus der Erde und erinnern uns an den Reichtum des Lebens, daran, wie dieses Leben es immer wieder schafft, zu gedeihen, selbst auf kleinstem Raum und in dunklen Ecken. Selbst wenn dieser Reichtum sich irgendwo am Rand abspielt, in Rissen im Beton.

Ich musste einige der Pflanzennamen nachschlagen, als ich die Blumen zum ersten Mal sah. Das Wissen war mir nicht angeboren. Die Mohnblumen und die Kornblumen waren kein Problem, und die Nähkisselchen kannte ich, weil meine Großmutter mir oft erzählt hat, dass davon welche in ihrem Brautstrauß steckten. Als ich dran war mit einem solchen Gebinde, waren auch Nähkisselchen darin, weil wir alle gerne etwas von unseren Vorfahren übernehmen. Am hinteren Ende unseres Strandes wächst jeden Sommer Gewöhnlicher Natternkopf mit seinen drahtigen Borsten, und als ich den Namen zum ersten Mal hörte, war ich gleich völlig hin und weg: Früher hat man mit dieser Pflanze Schlangenbisse behandelt. Ihre Blüten sind von einem völlig unwirklichen, übersatten, leicht ins Lila gehenden Blau.

Wildblumennamen sind eine langjährige Leidenschaft von mir. Anhand eines ganzen Stapels gebraucht erworbener Bestimmungsbücher und einer App auf meinem Handy, die in der Regel weniger gute Ergebnisse generiert, bemühe ich mich, den Namen jeder von mir neu entdeckten Pflanze zu ermitteln. Und das Entdecken nimmt kein Ende: Erst richtet es sich auf das Unübersehbare – prächtige Blumen und Bäume –, dann arbeitet es sich weiter vor, hin zu den unauffälligeren, stilleren Arten. Manche sind winzig, und manche sind einfach nur Teil des sich im Frühling bildenden grünen Teppichs. Die Natur wird nie müde, uns etwas zu liefern, das sich beobachten lässt.

Aber dieser Lernprozess ist gleichzeitig ein permanenter Prozess des Vergessens. Jahr für Jahr kommt mir die Hälfte dessen, was ich mir angeeignet habe, wieder abhanden, als würde mein Gehirn, um Energie zu sparen, im Winter überflüssige Fakten wieder hinausspülen. Und Jahr für Jahr kehre ich danach zu den Pflanzen zurück, an deren Namen ich mich kaum mehr dunkel erinnere, und sage: »Diese hier riecht wie Kölnischwasser« oder »Die Blätter von dieser schmecken nach Zwiebel«. An Geruch und Geschmack kann ich mich erinnern, aber ihre Namen sind weg. Andere Namen wiederum sind völlig losgelöst von den bezeichneten Pflanzen. Sie schwirren mir bei meinen Spaziergängen im Wald wie Fliegen im Kopf herum, und dann frage ich mich, wie ich das vor nicht einmal einem Jahr wissen konnte. Am meisten frustrieren mich die Doldenblütler, von denen der eine (Riesenbärenklau) einem die Haut verbrennen kann und der andere (Gefleckter Schierling) giftig ist. Ich fände es wirklich nützlich, zwischen diesen beiden und

Wiesenkerbel unterscheiden zu können, weil ich im Sommer im Vorbeispazieren immer gerne mit der Hand über die schwebenden Köpfe streiche. Aber mein Gehirn scheint da anderer Meinung zu sein und schmeißt diese Info jedes Jahr über Bord. Und im Frühling muss ich wieder googeln.

Namensgebung ist eine Form von Macht. Sie festigt die Verbindung zu einem Gegenstand und in der Natur auch häufig eine Art Abstammungslinie. Namensgebung bestätigt und schafft Bedeutung. Sie ermöglicht es uns, bekannte Dinge wie alte Freunde zu begrüßen. In Ursula Le Guins Erdsee-Büchern sind Namen und Magie miteinander verwoben, Zauberlehrlinge erlernen die wahren Namen aller Lebewesen in der Alten Sprache, der Sprache der Drachen. Wenn man etwas einen Namen gibt, unterwirft man es seiner Macht, und wenn man den wahren Namen eines Gegenstandes ändert, dann kann das zu seiner stofflichen Verwandlung führen. In der Erdsee-Wirklichkeit sind Namen eine Urgewalt, ein Begleitprodukt der Schöpfung. Die Hauptfigur Ged sagt: »Mein Name und deiner und der wahre Name der Sonne oder einer Wasserquelle oder eines ungeborenen Kindes – sie alle sind Silben des einen großen Wortes, das ganz langsam vom Leuchten der Sterne gesprochen wird.«

Ein großes Wort, das ganz langsam vom Leuchten der Sterne gesprochen wird. Das erinnert mich sehr an *OM*, diese eine Silbe, aus der das Universum geschaffen wurde. Beide dienen letztlich dazu, die Entstehung des Lebens zu konzeptualisieren. Begrifflich zu fassen. Die Verwandlungskraft entsteht, wenn man die Wahrheit versteht, die sich so leicht versteckt: dass alles miteinander verbunden ist. Dass es nur ein großes Ganzes gibt. Dass wir in einem System leben, in dem jedes niedere und jedes hehre menschliche Handeln, jeder Grashalm und jeder Berg Platz haben, ein System, das funkelt und wogt und changiert wie die Oberfläche der Meere. Und gleichzeitig steckt all das auch in jedem Einzelnen von uns. In uns steckt das Potenzial für sowohl größtmögliche Güte als auch für übelste Bösartigkeit. Wir wissen intuitiv, wie sich beides anfühlt, weil zwischen uns und allem anderen Verbindungen bestehen. Ich muss nicht an Gott als Person glauben. Stattdessen kann ich an ein riesiges Geflecht alles Existenten glauben, in dem wir alle auf eine Weise miteinander verbunden sind, die wir nur wahrnehmen, wenn wir zuhören. Jeder Einzelne von uns ist ein Partikel, ein winziges Teilchen in diesem großen Gebilde. In jedem von uns ist all das enthalten.

Es fällt uns schwer, diese absolute Verbundenheit mit allem zu begreifen. Ganz oft verdrängen wir das. Oder wehren es ab. Aber sie ist da, genauso real wie das Sonnenlicht, hinter allem, was wir tun. Da der Brocken zu groß ist, um ihn am Stück zu schlucken, nähern wir uns ihm mit Metaphern. Wir erzählen Geschichten von Monstern und Zauberkraft und Naturgöttern, aber in Wirklichkeit versuchen wir nur, zu verstehen. In Wirklichkeit reden wir über uns, über uns alle zusammen. Einige der alten Geschichten funktionieren nicht mehr. Es fällt uns immer schwerer, sie zu verstehen. Aber das heißt nicht, dass wir sie fallenlassen sollten. Nein, wir müssen uns einfach mehr anstrengen, diese Geschichten zu erzählen, und neue Wege finden, unsere Bedeutungen zu formulieren. Vielleicht ist das der Zweck unseres Daseins: dass wir unsere Geschichten immer neu erfinden, bis wir endlich die richtige finden.

*

Ich habe gehört, dass der von englischen Gärtnern so verfluchte Löwenzahn in Singapur auf eBay zu guten Preisen gehandelt wird. Wer ihn kauft, ist begeistert von den zarten Kugelköpfen und bewundert die Vielseitigkeit einer Pflanze, deren Blätter und Blütenblätter essbar sind. Was für den einen unsichtbar ist, findet der andere schön. Wir würdigen die Pflanze schon bei der Namensgebung herab. Was im Standardenglischen *dandelion* heißt (vom französischen *dent de lion,* wörtlich *Löwenzahn*, aufgrund der spitz gezackten Blätter), wird in der Umgangssprache oft zu *wet-the-bed* (*Mach-ins-Bett*).

Ich glaube, ich habe den Löwenzahn schon immer genauso verehrt wie die Menschen in Singapur, wahrscheinlich, weil ich nie einen englischen Rasen hatte. In meinem Garten findet sich kein Löwenzahn, aber vor dem Haus schafft er es hier und da durch die Risse auf dem Weg zur Haustür, und ich puste immer noch mit Begeisterung die Samen weg, um die Uhrzeit zu ermitteln – eine Stunde pro Puster. *Ein Uhr, zwei Uhr, drei Uhr ...* Wenn alle Samen weg sind, sehe ich nach, und die Uhrzeit müsste stimmen. Das klappt immer, aber das hängt wohl auch damit zusammen, dass immer irgendwo ein paar Samen hängen bleiben und dass man das Zählen der Stunden beeinflussen kann. Wenn man die richtige Uhrzeit erreicht hat, kann man behaupten, die übrigen Samen säßen einfach fest. Und wenn es später ist, pustet man eben einfach weiter.

Schließlich sind Blumen aus Luft gemacht. Nimmt man ihnen die permanente Wasserzufuhr, bleibt vor allem Kohlenstoff übrig. Aus diesem Molekül besteht das Skelett der Blume, es wird absorbiert aus dem Kohlendioxid, das wir ausatmen. Schon erstaunlich, was aus etwas gemacht werden kann, das so dünn ist.

Wir, die wir so oft glauben, ohne Kultur zu sein, können anhand eines Unkrauts in unserem Garten ein ganzes Universum an Geschichten erzählen. Aber es ist an der Zeit, zu verstehen, was diese Geschichten für uns bedeuten, und auch zu anderen Geschichten wieder eine Verbindung herzustellen, Geschichten, die überall in unseren Gärten warten und sich zwischen den Rissen im Asphalt hervorkämpfen. Wir müssen sie unseren Kindern erzählen, auf dass sie sich gar nicht mehr vorstellen können, ohne sie zu leben. Sie zu erzählen schafft ein Zusammengehörigkeitsgefühl, rammt Pfahlwurzeln tief in den Boden. In einer Welt voller ruheloser und vertriebener Menschen kann es auch dazu dienen, genau diese Menschen willkommen zu heißen. Wenn wir die Geschichten erzählen, die unser Land bewohnen, helfen wir den neu Hinzukommenden, die Tiefe ihrer Umgebung zu verstehen und sich vielleicht ein bisschen mehr zu Hause zu fühlen. Das Erzählen von Geschichten ist immer ein Austausch: Wenn wir zuhören, bereichert das unsere Mythologie. Wir kommen dem großen, schönen, metaphorischen Ganzen näher.

Epilog: Äther

Jedes Jahr Ende April ist am Nachthimmel der Lyridenstrom zu sehen, wenn die Erde die Umlaufbahn des Kometen C/1861 G1 (Thatcher) kreuzt und die von ihm hinterlassenen Masseteilchen in der Erdatmosphäre verglühen. Der Radiant befindet sich gleich neben dem Sternbild Lyra, der Leier des Orpheus, die auf Zeus' Geheiß von einem Adler am Himmel platziert wurde. Weil Thatcher einen relativ kurzen Sonnenumlauf hat und alle vierhundertfünfzehn Jahre wiederkehrt, sind die Meteoren ganz besonders hell und schnell und unter Sternenbeobachtern dafür bekannt, eine außergewöhnlich gute Show zu bieten.

Ich habe sie noch nie gesehen. Und Sie? Jedes Jahr lassen sich sehr verlässlich zwölf Meteorschauer über unseren Köpfen beobachten, aber nur wenige von uns machen sich die Mühe, genau das zu tun. Ich weiß, ich weiß: Es ist schwierig. Das Ganze geht mitten in der Nacht vor sich, wenn es draußen dunkel ist und kalt, und durch die Lichtverschmutzung um uns herum ist es ohnehin so gut wie unmöglich, am Nachthimmel etwas zu sehen. Manchmal ist es bedeckt, oder es regnet, und am nächsten Morgen müssen wir alle zur Arbeit. Trotzdem: Meteoren. Sternschnuppen. Diese Lichtstreifen, die uns so verzaubern, dass wir sogar unsere innigsten Wünsche an sie knüpfen. Das ist doch ein Anblick, der eine gewisse Mühe wert ist?

In der mittelalterlichen Philosophie bestand die Erde aus vier Elementen – Erde, Wasser, Feuer und Luft –, aber das unendliche Universum dahinter war aus einem völlig anderen Stoff gemacht. Nämlich aus Äther, einem ganz besonders verfeinerten Stoff, der alle bislang bekannten Stofflichkeiten übertraf. Äther war so etwas wie die Quintessenz, weder heiß noch kalt, weder nass noch trocken, und im Stande, seine Dichte zu verändern. Er war der Stoff, aus dem die Sterne gemacht waren, das Licht und die Schwerkraft. Ihm wohnte von Natur aus kreisförmige Bewegung inne, und so definierte er die Umlaufbahnen der Planeten.

Ging vom Zauber des Firmaments etwas verloren, als wir begriffen, dass die Himmelskörper aus genau denselben Molekülen bestehen, die es auch bei uns auf der Erde gibt? Vielleicht. Aber heute ist der Nachthimmel auf andere Art etwas Besonderes, denn er entzieht sich unseren Blicken, indem er hinter dem elektrischen Leuchten unseres modernen Lebens verblasst. In einer klaren Nacht können zahllose Sterne wunderbar hell funkeln – vorausgesetzt, bei unseren Nachbarn brennt nicht die Außenbeleuchtung. Tut sie es doch, kann man es vergessen. Dann kann man kaum bis ganz hinten in den Garten sehen, geschweige denn ein Funkeln am Firmament erkennen. Doch auch ohne die Beleuchtung in der Nachbarschaft ist es schwierig, denn die Straßenlaternen und Schaufensterbeleuchtungen verursachen genug Lichtverschmutzung, um den Nachthimmel so zu verdunkeln, dass nur die größten Sterne noch zu sehen sind. Unsere Liebe zu elektrischem Licht entzieht der Welt einiges von ihrem Zauber. Wenn ich einen Meteorstrom sehen möchte – und das möchte ich –, dann muss ich eine kleinere Reise unternehmen.

Im Vereinigten Königreich gibt es eine Handvoll Lichtschutzgebiete, so genannte *Dark Sky Places*, in denen die nächtliche Dunkelheit selbst vor geringfügiger Lichtverschmutzung geschützt wird. Unter anderem die Inseln Coll und Sark gehören dazu, deren Bewohner zugestimmt haben, auf Außenbeleuchtung zu verzichten, um im vollen Glanz der Milchstraße baden zu können. Aber in Zeiten von Reisebeschränkungen konnte ich mir meinen Wunsch, auf der Suche nach totaler Dunkelheit zu den entlegensten britischen Inseln zu reisen, nicht erfüllen. Stattdessen beschloss ich, die fünfhundert Kilometer nach Exmoor zu fahren, wo auch meine Sehnsucht nach meiner Lieblingsküste gestillt werden würde.

Fünf Stunden Autofahrt hin und fünf Stunden zurück, um Meteoren zu beobachten – da wird schon deutlich, welchen Stellenwert derlei Faszinosa für uns haben. Wenn ich den Leuten davon erzähle, heißt es: *Wow, das kann man machen?* Und gleich darauf: *Aber wozu?* Zwischen diesen beiden Äußerungen liegen in der Regel Bruchteile von Sekunden. Grundsätzlich sind wir irgendwie fasziniert von dem, was da draußen ist, aber wir ziehen es doch vor, es bei der theoretischen Faszination zu belassen, es sei denn, die Erfahrung wird uns auf einem Silbertablett serviert. Meteoren haben eine perfekte Position an der Schnittstelle zwischen dem Banalen und dem Besonderen. Sie sind da – aber nur, wenn wir sie suchen. Wir wissen, wenn wir sie finden, wird das eine besondere Erfahrung sein, vielleicht sogar eine, an die wir uns noch Jahre später erinnern werden. Aber gerade, weil sie so regelmäßig auftreten, schieben wir diese Suche immer wieder auf. Meteorenströme sind kein Großereignis wie zum Beispiel eine Sonnenfinsternis. Wir kämen uns albern vor, viel Aufhebens davon zu machen. Das wäre kindisch, und wir sind schließlich erwachsen. Wir befassen uns nicht mit Sternschnuppen.

Ich glaube, so langsam verstehe ich, dass es letztlich allein um die Suche geht. Unsere Faszination wird nicht von großen Dingen ausgelöst, das Erhabene versteckt sich nicht in fernen Landschaften. Das Faszinierende, das Göttliche, umgibt uns ständig und überall. Und wird transformiert, wenn wir bewusst die Aufmerksamkeit darauf richten. Es wird wertvoll, wenn wir es wertschätzen. Es wird bedeutungsvoll, wenn wir ihm Bedeutung beimessen. Wir sind es, die den Zauber beschwören. Hierophanie – die Offenbarung des Heiligen – ist etwas, das wir den Dingen des Alltags geben, nicht umgekehrt. Die Erfahrungen, die uns lehren, wie die Welt funktioniert, die uns trösten und faszinieren, die uns immer weiter hinführen zu einem größeren Verstehen der menschlichen Natur: Sie sind eigentlich nichts Besonderes, nichts Seltenes. Das kommt uns nur so vor, weil uns der Wille fehlt, sie zu suchen. Wenn wir untätig darauf warten, verzaubert zu werden, dann können wir lange warten.

Aber Suchen ist mit Arbeit verbunden. Ich meine damit keine langen Autofahrten, nur um die Sterne zu sehen, die über dem eigenen Haus leuchten. Ich meine ein von Hingabe durchdrungenes Leben: die Welt um sich herum wahrnehmen, aktiv Ausschau halten nach schönen Dingen, sich Zeit nehmen zum Nachdenken. Die Namen der Pflanzen und Orte um einen herum lernen oder den Geist schulen, sich auf den reichen Wegen des Metaphorischen zu bewegen. Eine Möglichkeit finden, die eigene Verbundenheit mit dem Rest der Menschheit auszudrücken. Immer mal wieder die Füße auf den Boden setzen und das Kribbeln des Lebens spüren, mit dem die Erde sich revanchiert. Alles ist da und wartet nur auf unsere Aufmerksamkeit. Wir alle sollten die Schuhe ausziehen, denn der Boden, auf dem wir uns bewegen, ist immer heilig.

*

Der Höhepunkt des Lyridenstroms ist bereits zwei Tage her, als wir uns auf den Weg machen, um ihn zu sehen. Bert badet mal etwas früher, dann stecken wir ihn in Schlafanzug und Hoodie, damit er direkt ins Bett klettern kann, wenn wir wiederkommen. Er ist – zu meinem großen Bedauern – jetzt aus dem Alter heraus, da ich ihn schlafend vom Auto ins Bett tragen konnte. Wir haben ganz in der Nähe des Naturparks ein Haus gemietet, und die Sonne steht tief am Himmel, als wir losfahren und die Wildnis von Exmoor ansteuern. Die Straßen werden immer schmaler, die baumlose Hochebene um uns immer weiter. Die grüneren Felder sind voller Mutterschafe mit Lämmern, hier und da bevölkern sie auch die Bankette, kauen Gras und hinterlassen überall etwas Wolle am Stechginster. Ein paar kräftige Lämmer stellen sich dem Auto entgegen, sie bleiben mitten auf der Straße stehen, während wir langsam auf sie zurollen, nur um im letzten Moment auf unbeholfenen Beinen davonzustieben.

Wir fahren immer höher, bis es in unseren Ohren knackt, worauf wir alle ein paar Pfefferminzbonbons lutschen, um den Druck auszugleichen. Als ich unseren Ausflug plante und buchte, wusste ich nicht, dass wir es heute mit einem Supermond zu tun haben würden. Er geht bereits auf, und weil er sein Perigäum – so heißt in der Astrologie der erdnächste Punkt einer Umlaufbahn – zu neunzig Prozent erreicht hat, wird er heute besonders hell scheinen. Ich will nicht hoffen, dass er die

Sterne neben sich verblassen lässt und damit meine Meteoren-Beobachtungspläne sabotiert. Er hat einen leichten Buckel, weil er noch nicht ganz voll ist. In zwei Tagen wird aus dem Buckelmond der Milchmond geworden sein, der den angelsächsischen Monat des *þrimilcemōnaþ* eröffnet, den Monat der drei Melkungen. Das ist der Anfang des Sommers, in dem – wie im 8. Jahrhundert der Mönch Bede notierte – unsere Vorfahren ihre Kühe dreimal am Tag melkten, eine fruchtbare Jahreszeit, eine Erleichterung nach den Entbehrungen des Winters. Dieses Gefühl der Befreiung können wir heute noch spüren. Befreit von den dunklen Monaten, in denen wir uns stets drinnen aufhielten, können wir jetzt in die Nacht hinausstreben auf der Suche nach Zauber. Nach einem Jahr, das wir alle zu Hause verbringen mussten, empfinden wir das alles nur umso intensiver.

Wir parken am Holdstone Down und steigen über einen steinigen Pfad den Hügel hinauf, während der Himmel sich verdunkelt. Der Äther über mir ist blassblau und zum Horizont hin leicht orange. Oben angekommen, breitet sich das Land vor uns aus bis hin zum ruhelosen grauen Meer und in weiter Ferne einer Leiter aus Klippen. Bert ist fasziniert von der Steinpyramide auf dem höchsten Punkt, so etwas sieht er zum ersten Mal. Er hat Glück. Die meisten Steinpyramiden, die ich bisher gesehen habe, befanden sich am Ende eines langen, steinigen Aufstiegs oder an einer Stelle, die so entlegen war, dass irgendwelche Wanderer es für angebracht hielten, hier eine Wegmarkierung anzubringen. Heute mussten wir nur fünf Minuten gehen. Der Steinhaufen ist so groß wie ich und hat einen Durchmesser von etwa fünf Metern. Auf seiner Spitze hat jemand drei Steine so arrangiert, dass sie einen Bogen formen, durch den ich einen Teil des Himmels sehe.

Steinpyramiden sind spontan errichtete veränderliche Monumente für alles Mögliche. Unter einem der Steine klemmt ein Strauß welkender Blumen, dem Meer zugewandt. Ich erkläre Bert, dass auch er einen Stein hinzufügen kann, was er sofort tut, und dann macht er weiter und legt für alle seine Familienmitglieder einen weiteren Stein dazu: für mich, für Daddy, für Grandma, für die Katzen und für den Hund – für sämtliche Wesen, die ihm etwas bedeuten. Und im Handumdrehen denkt er sich sein eigenes Ritual aus, er erfindet etwas und stellt damit eine Verbindung her. Das ist nichts, was man ihm erst zeigen muss. Er weiß es von selbst. Je älter er wird, desto wichtiger wird es sein, ihm zu erlauben, der Landschaft Bedeutung zuzuweisen.

Als ich später im Internet zu Steinpyramiden recherchiere, finde ich etliche sich echauffierende Kommentare dazu, dass die Gebilde inzwischen auf jeder historischen Stätte zu finden seien und außerdem gegen den Grundsatz »keine Spuren hinterlassen« verstießen – und dass der Mensch mit ihnen wieder einmal der Natur seine unerwünschte Gegenwart aufdränge. Ich glaube, das sagt weniger über unsere Zerstörungswut aus als darüber, wie entzaubert wir sind. An historischen Stätten aufgestapelte Steine sind in meinen Augen ein Zeichen dafür, dass ein bestimmtes Spiel weitergespielt wird, dass es einen Fluss aus Bedeutung gibt, der durch die Jahrhunderte fließt. Eine Spur zu hinterlassen heißt nicht unbedingt, Schaden anzurichten, vor allem, wenn lediglich Steine von einem Ort an einen anderen gelegt werden. Mit der Herstellung derartiger Verbindungen nähern wir uns doch einfach nur der behutsameren Verwaltung des Landes an, durch das wir uns bewegen.

Es ist an der Zeit, mit diesen angeblichen Brüchen aufzuräumen zwischen der frühen, irrationalen Menschheit, deren Glaubenssätze wir einer längst vergangenen Zeit zuordnen, und dem modernen, jeder Bedeutung beraubten Menschen; zwischen der Vorstellung unberührter Natur einerseits und sich rücksichtslos durch sie bewegende Menschen andererseits. Wir bauen koloniales Denken bezüglich unserer Landschaften nicht ab, indem wir die Menschen komplett aus ihnen verbannen und alle immer neuen Versuche, Bedeutung zu schaffen, verbieten. Wir erhalten unsere Natur nicht, indem wir sie in ein Museum verwandeln. Wir heilen diese Risse, indem wir in unsere Beziehung zur Erde Behutsamkeit wieder einkehren lassen, indem wir Bedeutung wieder zulassen. Wir sollten alles dafür tun, dass der Zauber der Welt wie Unkraut wuchert. Immerhin ist er hier heimisch. Die Steine, die vertrocknete Heide, das Rauschen des Meeres, der Mond über uns – sie alle speichern diesen Zauber wie ein Akku, der nur darauf wartet, dass seine Ladung wiederentdeckt wird.

Der Wind hat zugenommen, der Himmel ist immer noch nicht dunkel, darum trotten wir den Weg hinunter zurück zum Auto. Noch sind keine Sterne zu sehen, und der Mond steht hoch und grell. H sagt, ein Stückchen weiter die Straße entlang gibt es eine Haltebucht, von der aus wir die Leier vermutlich besser sehen können. Eine App auf meinem Handy sagt, das Sternbild geht jetzt im Nordosten auf und steht noch tief am Himmel. Wir fahren ein kleines Stück und parken wieder. Wir schalten alle Lichter aus und sehen vom Auto aus dem Himmel dabei zu, wie er immer dunkler wird, bis schließlich die ersten Sterne aufgehen.

Für Bert ist es eine Premiere, zu sehen, wie die ersten Lichtpunkte am Himmel erscheinen – und wie nach und nach die blasseren Sterne um sie herum ebenfalls sichtbar werden. Ich weiß immer nicht, ob das daran liegt, dass der Himmel immer schwärzer wird, oder daran, dass sich die Augen besser auf die Punkte einstellen. Wahrscheinlich beides. Jedenfalls ist Bert so aufgeregt, dass er auf der Rückbank in einer Tour plappert und zappelt und an meinem Sitz rüttelt. Normalerweise wäre er längst im Bett, und mir ist klar, dass er nicht mehr lange durchhält. Ich sehne mich nach Ruhe, um mich voll und ganz auf diesen Moment einlassen zu können, aber daran ist nicht zu denken. Wir steigen aus, packen uns warm ein und setzen uns auf die Motorhaube, um übers Meer zu schauen. Es ist immer noch nicht dunkel genug, um die Leier zu sehen. Direkt über dem Horizont spannt sich ein blasses Band, und am anderen Ufer funkeln die Lichter von Swansea. Auf dieser Seite kann ich das regelmäßige Blinken des Leuchtturms von Foreland Point erkennen. Zu viel Licht. Es ist nicht dunkel genug. Und auch der Mond torpediert unser Vorhaben, er scheint mit einer Leidenschaft, die einen Schleier über den gesamten Himmel ausbreitet. Es ist kalt, der Wind heult in meinen Ohren, und ich habe den weiten Weg hierher für nichts und wieder nichts gemacht, für einen unsichtbaren Sternenregen.

Da erst fällt es mir auf, zu unseren Füßen. »Du hast die Scheinwerfer angelassen«, sage ich zu H. »Kein Wunder, dass wir nichts sehen.« Doch kaum kramt er nach dem Autoschlüssel, wird mir klar, dass ich mich getäuscht habe. Die Scheinwerfer sind nicht an. Woher kommen sie dann, diese Schatten, die von unseren Füßen aus auf die Klippe fallen? Es dauert einen Moment, dann fällt bei mir der Groschen.

»Guck mal!«, sage ich an Bert gewandt. »Der Mond scheint so hell, dass wir Schatten werfen!«

Wir sind alle drei verdutzt, machen einen Schritt nach links und einen nach rechts und heben die Arme, um zu sehen, ob das wirklich stimmt. H und ich fangen beide an, zu singen – ich »Moonshadow« von Cat Stevens, er »Moonlight Shadow« von Mike Oldfield, was zu einiger stimmlicher Verwirrung führt. Dann schweigen wir und beobachten. Die Nacht ist bereits ein Schatten auf der der Sonne abgewandten Seite der Erde. Das hier ist ein Schatten im Schatten, ein zartes, vom Mondlicht hervorgerufenes Phänomen. Ich wüsste nicht, dass ich jemals zuvor meinen eigenen Mondschatten gesehen hätte. Vielleicht habe ich es doch, ohne dass ich groß davon Notiz genommen hätte. Vielleicht war ich vorher noch nie in der richtigen Dunkelheit dafür. Vielleicht war ich nicht bereit dafür, dass es seine Bedeutung vor mir ausbreitet wie hier und jetzt. Ich war auf der Suche nach etwas und habe etwas anderes gefunden, nichts Besonderes, Seltenes, Himmlisches, auf das ich keinen Einfluss habe, sondern etwas, das ich jederzeit hätte finden können. Das Suchen an sich hat meine Sinne geschärft und meinen Geist angeregt, zu assoziieren. Ich war offen für Zauber, und ich habe welchen gefunden, wenn auch nicht den, nach dem ich gesucht habe. Und genau das findet man immer wieder, wenn man sich auf die Suche macht: etwas anderes. Eine überraschende Erkenntnis. Eine Verbindung, auf die man sonst nie gekommen wäre. Eine neue Perspektive.

Immer häufiger habe ich den Eindruck, dass ich alles, was ich brauche, um mich verzaubern zu lassen, bereits in mir trage. Bewusste Aufmerksamkeit, Rituale und Reflexion verhelfen mir nicht auf mystische Weise dazu, dass ich mir etwas Äußeres aneigne. Nein, es verhilft mir vielmehr zu inneren Erfahrungen, die das, was ich bereits kenne und weiß, neu sortieren, und zwar so, dass ich zu genau den Erkenntnissen komme, die ich heute brauche. So funktioniert symbolisches Denken. Es bietet uns einen Verständnisspeicher, der jederzeit im Alltag angezapft werden kann und dessen Inhalt aus einem Stoff ist, der uns direkt in Fleisch und Blut übergeht. Ich habe keine Worte dafür, was es für mich bedeutete, mit meinem Mondschatten zu spielen. Darum horche ich in mich hinein, in meinen Körper, wo eine Art leibliches Staunen nur darauf wartet, dass ich innehalte.

Steckt da ein göttlicher Sinn für Humor hinter dieser Welt, die es mir erlaubt, fünf Stunden zu fahren, um mich von etwas verzaubern zu lassen, was ich auch vom heimischen Garten aus hätte sehen können? Oder ist das meine eigene Belustigung, die mir da gespiegelt wird, weil mir etwas beigebracht wird, das ich bereits weiß, das aber offenbar der Wiederholung bedarf. Ich glaube, das ist einerlei. Ich glaube, am liebsten ist mir eine seltsame Mischung aus beidem, eine Vorstellung mit porösen Grenzen, die mich weiter rätseln lässt. Uns werden keine endgültigen Schlüsse angeboten, nur die fortwährende Suche. Gewissheiten lassen uns verhärten, und am Ende verteidigen wir sie, als sei in der Welt kein Platz für eine Mannigfaltigkeit von Ansichten. Wir sind besser beraten, wenn wir weich und flexibel bleiben. So bleibt uns Raum, um zu wachsen und Dinge in uns aufzunehmen, Platz zu machen für all die anderen großartigen Ansichten, die unseren Lebensweg kreuzen werden.

Bert steigt wieder ins Auto, und ich weiß, jetzt bleibt mir nicht mehr viel Zeit. Wenn er unterwegs einschläft, muss ich ihn wecken, wenn wir zurück am Haus sind, und ich weiß, wie schrecklich das ist. Ich blinzele in Richtung Horizont, und die

Sterne geben sich jetzt ein bisschen mehr Mühe. Ich kann das Parallelogramm der Leier deutlich sehen, und darunter die letzten Fitzel Tageslicht, die so lange nach Sonnenuntergang noch immer in der Ferne das Meer erhellen. Da draußen ist ein Boot, sein Licht hebt und senkt sich im Rhythmus der Wellen. Aus dem Augenwinkel sehe ich einen Streifen weißen Lichts, kaum wahrnehmbar, flüchtig. Als ich den Blick darauf richte, ist er verschwunden.

War das eine Sternschnuppe? Oder etwas, das meine müden Augen sich eingebildet haben? Einerlei. Es liegt ganz bei mir, was ich daraus mache. Ich bin ganz genau da, wo ich sein möchte: Ich betrachte den Himmel in Erwartung eines Sternenregens.

Dank

Ich habe nicht übertrieben, als ich sagte, ich hätte keine Kraft mehr. Dieses Buch zu schreiben fühlte sich mitunter so an, als würde ich eine sehr schwere Bürde (mich selbst) einen sehr steilen Berg (die Sprache) hinaufschleppen, und ich bin all jenen so dankbar, die mir im Verlaufe so vieler Fehlstarts und falscher Abzweigungen die Last unterwegs erleichtert haben. Diese Seiten widme ich ihnen:

Laura Hassan, weil sie mich angenommen hat und so voller Leidenschaft und Weisheit sowie ein wahrer Ruhepol ist.

Dem unglaublichen Team bei Faber & Faber: Hannah Knowles, Hannah Marshall und Hannah Turner, Mo Hafeez, Sara Cheraghlou, Donna Payne, Anne Owen, Barbara Mignocchi, Sara Talbot, Sarah Davison-Aitkins, Mallory Ladd und den enorm engagierten Verlagsvertretern.

Jynne Dilling Martin, die voller Geduld dieses Buch formte, während ich durch die zahllosen Entwürfe stolperte.

Jennie Speedy, für das gemeinsame Schwimmen, Kate Fox, für das gemeinsame Wandern, Clare Jackson, für das gemeinsame Pilgern. Den Zen Peacemakern dafür, dass sie mich auf eine Reise mitgenommen haben, und Rami Efal dafür, dass er mich zu ihnen gebracht hat.

Angela Y. Walton-Raji, Paul Koubek und Quinn Brett, dafür, dass sie sich am Anfang meiner Recherchen Zeit nahmen, mit mir zu reden, und Richard Ashcroft dafür, dass er mir mit Engelsgeduld erklärt hat, warum meine ursprüngliche Idee auf keinen Fall funktionieren würde.

Maddy Milburn, meine geschäftstüchtige Agentin und hochgeschätzte Freundin, und ihrem brillanten Team, allen voran Rachel Yeoh und Liv Maidment, Hannah Ladds und Giles Milburn. Liane-Louise Smith, Georgina Simmonds und Valentina Paulmichl dafür, dass sie meine Worte in die ganze Welt hinausschicken.

H und Bert, die sich immer wieder mitschleifen lassen zu irgendwelchen verrückten Abenteuern und manchmal sogar Spaß daran haben.

Meinen Leserinnen und Lesern und allen, die mich über Patreon unterstützen, durch euch wird das hier wahr.

Nachweis der verwendeten Zitate

Simone Weil, *Schwerkraft und Gnade*. Übersetzt und mit einem Nachwort versehen von Friedhelm Kemp. Kösel, München 1981 (3. Aufl.), S. 62.

Mircea Eliade, *Das Heilige und das Profane*, übersetzt von Eva Moldenhauer, Insel Verlag, Frankfurt am Main, 3. Auflage 1987, S. 15.

Mircea Eliade, *Das Heilige und das Profane*, übersetzt von Eva Moldenhauer, Insel Verlag, Frankfurt am Main, 3. Auflage 1987, S. 24 und 25.

Rebecca Solnit, *Orwells Rosen*, übersetzt von Michaela Grabinger, Rowohlt, Hamburg 2022, S. 16 f.

Rainer Maria Rilke, *Das Stunden-Buch,* Insel Verlag, Berlin 2008, S. 47.

Julian Jaynes, *Der Ursprung des Bewußtseins,* übersetzt von Kurt Neff, Rowohlt Taschenbuch, Hamburg 1993.

Sigmund Freud, *Gesammelte Werke in achtzehn Bänden, Band XIV, Werke aus den Jahren 1925-1931.* Fischer Taschenbuch Verlag, Frankfurt am Main, 1999, S. 422. ODER *Gesammelte Werke. Chronologisch geordnet. Vierzehnter Band. Werke aus den Jahren 1925-1931.* Imago Publishing Co. Ltd., London 1948 (Reprinted 1955), S. 422.

Czesław Miłosz, »Begegnung«, übersetzt von Karl Dedecius, in: Czesław Miłosz, *Gedichte 1933-81,* übersetzt von Karl Dedecius u. Jeannine Luczak-Wild, Suhrkamp Verlag, Frankfurt am Main 1982, 2. Auflage 1995, S. 22 f.

Octavia E. Butler, *Die Parabel vom Sämann*, übersetzt von Dietlind Falk, Heyne, München 2023, S. 19 und S. 36.

John Donne, »Der Sonnenaufgang«, übersetzt von Michael Mertes, in: Michael Mertes, *Schweig endlich still und lass mich lieben – Ein John-Donne-Lesebuch*, Verlag Franz Schön, Bonn 2020, S. 39.

Carl Jung, *Erinnerungen, Träume, Gedanken,* Rascher & Cie. AG, Zürich, S. 94-95.

Ursula Le Guin, *Ein Magier von Erdsee in Erdsee. Die illustrierte Gesamtausgabe*, übersetzt von Karen Nölle, Fischer TOR, Frankfurt am Main 2018, S. 139.